学会决策

如何更聪明地思考和做选择

[以] 约西·亚苏尔 (Yossi Yassour) 著

李毅 张宇 李洋 陈昶宇 译

机械工业出版社
CHINA MACHINE PRESS

本书详尽介绍了行为经济学的知识原理，并将数十年来的研究成果和生活中的生动故事结合起来，以深入探索人类的理性与直觉是如何影响我们做出决定的。作者在书中遍历了我们的思维谬误和决策规律，在对其进行分析和解读之后又提出了具体的建议，以帮助读者学会做决策，做出更明智的决定。本书分为六个部分，涉及概率估算、自我认知、确定性、参考点、风险应对、情绪与直觉等方面，包括了行为经济学和决策科学从发端直至前沿的内容，是一本全面易懂的入门读物。

北京市版权局著作权合同登记 图字：01-2021-5632 号。

图书在版编目（CIP）数据

学会决策：如何更聪明地思考和做选择 /（以）约西·亚苏尔
（Yossi Yassour）著；李毅等译. —北京：机械工业出版社，
2022.8（2023.7 重印）
书名原文：100% Right 50% of the Time
ISBN 978-7-111-71216-9

Ⅰ. ①学… Ⅱ. ①约… ②李… Ⅲ. ①行为经济学 Ⅳ. ①F069.9

中国版本图书馆 CIP 数据核字（2022）第 125486 号

机械工业出版社（北京市百万庄大街 22 号 邮政编码 100037）
策划编辑：廖 岩 责任编辑：廖 岩
责任校对：李 伟 责任印制：张 博
北京汇林印务有限公司印刷
2023 年 7 月第 1 版第 2 次印刷
145mm×210mm · 8 印张 · 3 插页 · 162 千字
标准书号：ISBN 978-7-111-71216-9
定价：59.00 元

电话服务 网络服务
客服电话：010-88361066 机 工 官 网：www.cmpbook.com
010-88379833 机 工 官 博：weibo.com/cmp1952
010-68326294 金 书 网：www.golden-book.com
封底无防伪标均为盗版 机工教育服务网：www.cmpedu.com

前言

决策理论是一个相对新兴的学术领域。在 20 世纪四五十年代，决策理论被认为是博弈论的分支，是一个纯粹的数学领域。它假设人是完全理性的，所以在我们充满情感的日常生活中难以得到应用。

1968 年，霍华德·雷法（Howard Raiffa）出版了《决策分析》（*Decision Analysis*）一书，从本质上来说，这是第一本将决策理论作为独立的领域而呈现的书。雷法的书也十分理性，他运用了决策树分析法和效用函数（decision trees and utility functions），而几乎没有将感情或是直觉作为行为决策过程的一部分提出。

1975 年，当我还是美国哈佛大学的学生时，我见到了雷法教授。那时他是我的老师，我告诉他我对学习决策理论有着浓厚的兴趣，不仅对其中的数学和统计方面感兴趣，而且希望可以融入感情。"顺便说一句，"知道我是以色列人后，雷法教授说，"有两个以色列人正在这个领域做着出色的工作，他们是阿莫斯·特沃斯基（Amos Tversky）和丹尼尔·卡尼曼（Daniel Kahneman）。"

这是我第一次听到这两位以色列心理学家的名字。四年后，他们发表的文章《前景理论》（Prospect Theory）彻底改变了经济理论的面貌，被引用的次数超过了该领域的其他任何文章。

特沃斯基和卡尼曼是来自耶路撒冷希伯来大学的著名心理学教授。他们在极有声望的《科学》（*Science*）杂志上发表了数篇关于行为决策中出现连续错误的文章。然而在那时，定量的、理性的和统计学的决策理论（它决定了一个人应该如何做决策，是我在特拉维夫大学商学院学习的数学科目——运筹学的一部分）和情感的、心理学的、直觉的决策理论（它揭示了人们实际的行为方式与他们应有的行为方式之间的差距）之间的联系尚未建立。

在 1978 年，赫伯特·西蒙（Herbert Simon）获得了诺贝尔经济学奖。西蒙作为第一位获得诺贝尔奖的心理学家，他提出假设：构成博弈论和决策理论基础的理性假设是不切实际的，接着他提出了两个新术语，成为目前决策理论的基石：**有限理性**（bounded rationality）和**满意度原则**（satisficing principle）。

西蒙称，即使我们想要做出完全理性的决策，我们也不可能做到。即使我们在大体上表现得理性，由于时间的缺乏，以及我们无法对所有可能的结果、概率和风险做出评估，我们的理性也是受限且不完整的。这就是**有限理性**。

满意度原则是我们做出决定的方式。我们最终不会娶世上最聪明的女人或者嫁给世上最帅的男人，因为如果要做到这一点，我们要与世上每一个异性见面（即使我们最终与每位候选人见了面，到那时我们也应该 90 多岁了，我们所选择的那个人也可能不愿意和我们在一起）。

因此，基于**满意度原则**，我们会与见到的第一个能达到我们最低要求的人结婚。当一个人遇见一个聪明、有魅力、善解人意并且足够富有的人时，他/她就会和她/他建立婚姻关系。

满意度原则也可以通过以下这个故事来阐述：

一个男人想要买一台电脑。他可以在今天花 1000 美元买下一台配备 100GB 硬盘及 20 英寸屏幕的电脑。如果他再等一个月，他就能花 950 美元买下一台配备 150GB 硬盘及 22 英寸屏幕的电脑；如果他还能克制自己，再过一个月后，他就可以花 800 美元买下一台配备 300GB 及 28 英寸屏幕的电脑。只需等待一两个月的时间就能买一台性价比更高的电脑难道不值得吗？但是那些并不购买并且只等着下一次促销的人永远也不能拥有一台电脑……

那些想买电脑，却总是等待着更好、更便宜电脑的人，因为期待着日后更好的享受而放弃了当下的快乐。但很可能他们永远也不会感受到那种快乐。**满意度原则**阐述的是：如果当下我们有机会能买到价格和性能都很吸引人的电脑，那么就买它。总会有更好的电脑、更有钱的男人和更有魅力的女性，以及最新款的车。

在基础行为领域另一个更重要的原则是**参考点原则**（the reference point），这是一个与我们感觉好或坏、后悔或失望、获胜或失利、成功或失败有关的衡量标准。

作为一个经常旅行的人，我总是待在发展中国家——无论是出于自己的选择还是代表以色列政府或其他组织机构。我特别喜欢到亚洲旅行,体验生机勃勃的亚洲市场的内在力量。在熙熙攘攘的氛围中,在充满活力的色彩下,在风格迥异的风景里,我学到了很多关于如何做出购买决定的知识。

跨文化的相遇和美元相对当地货币的强大购买力并不能抑制我在无尽的讨价还价结束后所得到的满足感,即便我参与的这笔"大交易"只是从斯里兰卡郊区一个年老的小贩攥紧的拳头里省下几分钱。

几年前,我和我的妻子前往泰国的皮皮岛(Ko Phi Phi)度假。我们在假日酒店居住一晚上需花费 60 美元。房间的布置令人十分愉悦。日落时分,我们坐在门廊上,看着太阳慢慢地落在安达曼海的水面上;在酒店里,我们心平气和地享用着鸡尾酒;房间桌子上的果篮里装满了异国的水果。这感觉十分美妙。我告诉我的妻子,我们在一起的生活是多么幸福,和她一起旅行是多么美好。

我们在棕榈树点缀的白色海岸上阅读、漫步,度过了一个静谧的下午。晚上,我们在酒店旁的鱼餐厅享用晚餐。那是一个温暖舒适的夜晚,我们在一张可以俯瞰水面的桌子旁坐下,突然,另一对以色列夫妇走了过来。

"你们是以色列人吗?"他们很快认出了我们,我们只好承认。

他们继续问:"我们能坐在你们旁边吗?"他们看起来人很好,所以我们加了两把椅子,准备和他们共进晚餐。

"你们住在哪家酒店?"他们问道。

"在假日酒店。"

"我们也是，你们住在哪个房间？"

"301。"

"我们在401，你们的房间也是面朝大海吗？"

"是的。"

"对于那样一间房来说，40美元实在是太值了，不是吗？"

就在那一刻，我们梦幻的假期戛然而止。那顿晚餐剩下的时间里，我数落着我的妻子，因为我们未能找到一间更便宜的房间。我忘却了多年的感情，忘却了平静午后的鸡尾酒，每晚20美元的损失让我怒不可遏。

这是参考点原则影响人情绪状态的一个经典案例。毕竟，与以色列夫妇的相遇并没有实质上改变我的情况。房间的布置如同往常，海水和以前一样湛蓝，日落的景观仍令人惊叹，鸡尾酒还是那么可口，我的妻子也没有改变。唯一改变的是我的相对状况——相对而言，我觉得自己像个傻瓜。

这种见解让我意识到，我可以利用参考点原则来让人们感到好或者坏，作为一个好学生，我决定一有机会就让其派上用场。

两年前，我和我的妻子、我妹妹和她的丈夫以及一些朋友一起去非洲的纳米比亚旅游。我们参观了著名的原始沙丘和奇妙的海滩。在前往埃托沙国家公园（Etosha National Park）的前一夜，我们在当地的一个农场里住了下来，那是一间带有早餐的民宿，房间总体很好。第二天早上，我一觉醒来感到神清气爽，很想到自然保护区去看看里面的野生动物。我妹妹走出她的房间后问我："你也因为床垫太硬所以晚上睡不着觉吗？"

噢不！看到她满是皱纹的脸，我意识到我们即将度过艰难的一天。"你的房间也没有热水？"我用一个新的参考点回应了她。在听到我的话后，她的脸舒展开来，她对床垫的愤怒转而被对我不幸处境的同情所取代，她的情绪奇迹般地改善了。

直到今天，我都没有告诉她，我们的房间浴室不仅有热水，还有一个浴缸——而其他房间都没有。这个小小的谎言帮助我们在纳米比亚大草原上微笑着开始了一天的生活。

这本书涉及决策制定的各方面实践以及防止决策失败的不同方法。除了个人故事和见解，这本书还包括许多研究人员最近的研究结果。

这本书的第一部分是关于**概率性失败**的。我的婚姻生活成功的概率有多大？我的创业公司成功的概率有多大？我们在估算概率时犯了很多错误，这些内容都将在这一部分讨论。

第二部分着重于**模糊性和确定性**。它探讨了一些问题，比如口头评估的特性，如何将其转化为数字评估，在不同场景下我们对模糊性的偏好，以及各种影响我们进行概率评估的主观因素。

第三部分是关于**风险承担**的。许多人会错误地认为冒险和赌博相差无几。虽然每次下赌注都包含了风险，但并不是每一个风险都是一场赌博。

第四部分检验了对**决策理论的理性假设**，比如确定事件原则，根据这个原则，如果一个人在某个确定条件下喜欢 A 而不喜欢 B，即使这个条件不满足时还是偏好 A 而不是 B，那么无论该条件是否能达成，他肯定喜欢 A 而不喜欢 B。

第五部分涉及**结果认知**。该理论的大部分是基于 2002 年获得诺贝尔经济学奖的丹尼尔·卡尼曼和已故的阿莫斯·特沃斯基的辛勤工作。他们两位发表了许多论文，其中最重要的是关于前景理论的。很难相信，这两个相对简单的曲线竟然是理解我们在决策和生活中的行为方式的关键要点。第一个曲线被称为价值函数，它阐述了客观结果和这些结果产生的主观感受之间的关系。举一个例子，价值函数解释了为什么 29 年和 30 年的有期徒刑对人的主观感受来说差别不大，但是被要求去做社区服务和一年的监禁却让人感到天差地别。在这两个案例中，都相差一年的监禁时间，但人们对那一年的感受是完全不同的。

第二个曲线是主观概率曲线，它描述了某一特定事件发生的客观概率与我们所感受到的主观概率之间的关联。再举一个例子，这条曲线解释了为什么 35% 的概率和 36% 的概率发生某事几乎没什么区别，而 99% 和 100% 之间的差异是十分显著的。

第六部分讨论了**情绪和直觉对行为决策**的影响。这里出现的一个有趣的问题是，西方世界所习惯的由爱而生的婚姻，是否比由媒人促成的婚姻更可取。比起父母的智慧、经验和见解，听从内心那被称为爱的情感是否更好？什么时候用感情做决定比较好，什么时候用理智做决定比较好？

本书是我关于决策理论的第五本书。第一本书讨论了组织环境设定下的行为决策；第二本书涉及行为决策中人的情绪，并着重分析了谋杀犯的决策；第三本书是一本关于决策和犯罪的小说；第四本书是一本研究决策理论的专业教科书。

目 录

前 言

第一部分 估错概率

第二部分 知道不知道

第三部分　面对风险

第四部分　看似坚实的逻辑

第五部分　对结果的感知

第六部分　决策中的情绪与直觉

第一部分

估错概率

第1章 赌徒和篮球运动员有什么相同之处

我想在本书中讨论的第一个谬误——大多数人都在做决定时经历过的失败——被称为**赌徒谬误**（gambler's fallacy）。请问：以下哪一个数字序列更有可能出现在彩票中奖号码中：1、2、3、4、5、6 或者 12、31、23、14、8、42？

许多被问到这个问题的人——如果他们缺乏统计学背景——会选择第二个序列，并且声称一组随机数字出现的概率更高，他们还会问："你有没有听说过一张彩票的中奖号码是 1、2、3、4、5、6？"答案显然是否定的。"这就正好证明了它。"他们会接着说。对这个问题的最终回答，也是最聪明的一个是："那你呢？你是否听说过一张彩票的中奖号码是 12、31、23、14、8、42？"不同点是，如果彩票的中奖号码是 1、2、3、4、5、6，就会被认为是不寻常的；但如果是第二个序列被选中，那么没有人会觉得有问题。

赌徒谬误针对这样的问题：随机性是否比有序性更普遍？一个随机序列比一个连续序列更有可能出现吗？

赌场是**赌徒谬误**现象的源头。长时间不参与游戏的赌徒会在轮盘赌桌周围徘徊。他们会跟踪记录轮盘赌的号码，等待五个连续的号码显示相同的颜色。几乎一半的轮盘赌数字是红色的，另一半的数字是黑色的。人们可以押注"红"或"黑"，他们获胜的概率接近 50%（在美国约为 47.4%，在欧洲为 48.6%）。举个例子，站在一边的人等到连续五个数字落在红色上，然后他们会在黑色上押下一大笔钱。如图 1 所示。

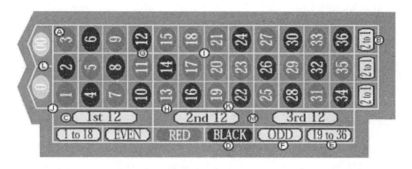

图 1　美国典型的轮盘赌桌

错误地按照**赌徒谬误**行事的人会认为，独立的事件之间存在着依赖关系，就好像幸运女神有记忆一样。赌徒谬误存在于我们生活中的不同方面，例如这样的断言：如果连续有三年没有下过雨，那么下一年可能会有很多场雨。当学生在做答考试中的单选题时，他们遇到了一堆答案都是 B 的问题，如果在下一个问题中，他们必须在 B 或 D 中选择一个，他们很可能会选择 D。交通或小额索赔法庭的法官倾向于宣判那些有一系列前科的人无罪，而宣判那些有一系列无罪释放记录的人有罪。

接下来有两个场景：你的两个朋友中的一位这周赢得了彩票大奖，你觉得哪一位更有可能？是来自四号楼，过去十年每周都买彩票的安迪；还是住在六号楼，过去一周买了他人生中第一张彩票的本？

安娜和芭芭拉都是 20 岁的女性，这个月她们其中一人发现自己怀孕了，你觉得谁更有可能？是安娜吗？过去三年她一直在进行无保护措施的性行为；还是两个月前才开始进行无保护措施性行为的芭芭拉？

许多人会说更有可能是安迪中了大奖，安娜怀孕。这是奥本海默（Oppenheimer）和莫宁（Monin）在他们的文章《回顾赌徒的谬论》（The Gambler's Fallacy in Retrospect）中举出的两个例子。

事实上，无论是安迪买了十年的彩票，还是安娜进行了三年的无保护措施的性行为，这些都不重要。是最近的一张中奖彩票产生了一位中奖者，也是最近的一次性行为导致了怀孕。过去完全无关紧要。

当之前连续四次硬币都是背面朝上落地时，第五次更有可能是正面朝上吗？如果你的答案是肯定的，那么接着回答下面的问题：硬币是怎么知道它已经背面朝上落地四次了呢？它的记忆储存在哪？

相比之下，一辆行驶数百公里却不加油的汽车很快就会停下来，检查油箱的人能相对准确地说出汽车什么时候会停。有没有类似的方法来确定硬币何时背面朝上落地？答案当然是没有的。硬币没有记忆，因此在任意的结果之后，它背面朝上落地的概率——假设硬币没有不对称的重量平衡或其他作弊机制——将永远是 50%。同样的道理也适用于那些以过高频率落在特定数字上的骰子：你应该检查骰子的结构是否存在问题。

一位女性生下了四个男孩后，再次怀孕了。和第一个孩子出生之前一样，她再生儿子的概率是 50% 吗？这里的答案略有一点复杂。如果生下四个男孩的顺序完全是巧合，就像硬币以背面朝上落地四次一样，那么她再生一个男孩的概率确实是 50%。话虽如此，这里也可能有生物学上的解释：例如，这位女性的丈夫无法产生携带 X 染色体的精子，这种情况下，该女性生男孩的概率会更高。这个案例与抛硬币作弊的案例类似。

对于普通硬币而言，人们期望那些从平均和长远角度来看应该发生的事情能够立即发生。这意味着，如果一枚硬币连续五次背面朝上落地，人们会期望它修正自己，然后在下一次正面朝上落地！确实，在平均情况下，从长远来看，硬币在一半的情况下应该是背面朝上落地的，但这并不意味着在第六次抛硬币时它就会立即修正自己。

在交通法庭上，一个 60 岁的男人站在法官面前。他被指控在十字路口闯红灯。这个男人有着 40 年的驾龄且从未违反过一次交通规则。在他的辩词中，他声称是交通信号灯没有正常运作，绿灯只亮了两秒钟，然后迅速切换到红灯，中间没有黄灯，结果，他在路口闯了红灯——是交通信号灯的错，不是他的错。作为抗辩，传唤这位司机的警察称交通信号灯在事故发生的一周之前就已经检查过，并且运转良好。法官应该相信谁呢？这个男人是否要因为这项指控而受到惩罚？

可以假设警察没有撒谎，在检查时，交通信号灯也确实在正常工作。同时，也有可能交通信号灯出现了暂时的故障，司机也没有撒谎，而如果被指控的司机以前有过违反交通规则的经历，那么更合理的假设是他在撒谎。然而事实上，这位经验丰富的司机之前并没有违反交通规则，这表明，他是一个谨慎的司机，因此，他无意闯红灯的概率比较高。

如果是这种情况，那么可以说人们倾向于相信预期的事件在未来发生的概率会受到过去发生的事件的影响。如果行为体系有记忆，那么确实是这样。例如，一个反复违规者更有可能再次违反同样的交通规则，而一个谨慎的司机则不会。但在绝大多数情况下，行为体系是没有记忆的。轮盘赌的轮子不会记得它在前几轮中转到哪个数字，因此，之前的结果，甚至是最相近的结果，都不会对下一轮出现的特定数字或颜色的概率产生任何影响。

依靠过去的数据是估算概率的一种常见的方法，但失败是不可避免的，就像前面提到的**赌徒谬误**。在这些谬误中，一个比较著名的是篮球中的**热手谬误**（hot-hand fallacy）。这个谬误比**赌徒谬误**更难辩驳。这个领域的许多人都对**热手现象**的存在深信不疑，并且他们还会毫不犹豫地驳斥每一个和他们意见相左的统计学家，说："他们对篮球一无所知！"

热手谬误指的是篮球比赛中的一种现象，即球员、教练以及大多数球迷都会认为，在比赛的不同阶段，某个特定球员会出现**热手现象**（即手气好，持续性的运气好），这个时候球就应该传给他使得他能够投篮得分。当球员被问及是什么使他在某一场比赛中取得成功时，他通常会说他只是手感很好，投进了每一个球，即使是在他处于不容易得分的位置和情况下。球员的表现就好比天使加百利（Gabriel）下凡，在球场上翱翔腾空，展开隐形的翅膀轻抚球员，给他带来了好运的祝福。

如果我们暂时忽略掉天使，用数据说话，教练和球员会认为连进四球的人在接下来几分钟投进下一个球的概率比四投两进的人要更高。

对此有很显然的逻辑解释："这名球员证明了他自己""他有了信心""他今天状态良好"等。

表 1 摘录于季洛维奇（Gilovich）、瓦隆（Vallone）和特沃斯基的一项著名的研究，展示了著名的 NBA 职业篮球队费城 76 人队在 1981 年主场比赛中的投篮命中率。从表 1 中可以看出，连进三球后投篮的命中率并不比连续三次投篮未进后的命中率高。事实上，对于所有的球员来说，连进三球后比投失三球后的命中率要低得多，平均相差了 10%。

表 1

球员	连续几个投篮后的投篮命中率						
	投进三球后	投进两球后	投进一球后	总体	投失一球后	投失两球后	投失三球后
克林特·理查德森	48	50	49	50	56	47	50
朱利叶斯·欧文	48	52	53	52	51	51	52
莱昂内尔·霍林斯	32	46	46	46	46	49	50
莫里斯·奇克斯	59	53	55	56	60	60	77
卡尔迪维尔·琼斯	27	43	45	47	47	48	50
安德鲁·托尼	34	40	43	46	51	53	52

（续）

球员	连续几个投篮后的投篮命中率						
	投进三球后	投进两球后	投进一球后	总体	投失一球后	投失两球后	投失三球后
鲍比·琼斯	53	47	53	54	58	58	61
史蒂夫·米克斯	36	48	51	52	52	56	70
达里尔·道金斯	51	58	57	62	71	73	88
加权平均数	46	50	51	52	54	53	56

达里尔·道金斯（Daryl Dawkins）的命中率在投篮未中后会明显上升。这位球员高中毕业后便直接加入了 NBA；他很年轻，同时也缺乏经验，这可能导致他对自己投丢的球格外敏感。因此，道金斯在连续几次投篮不中之后便不会再投球，除非他确定自己能投中，这直接与**热手理论**相矛盾。

对**赌徒谬误**和**热手谬误**最常见的解释之一是，当人们估计概率时，他们倾向于忽略有效的数据，只使用最易懂的数据。当然，最易懂的数据就是最近的数据，而不是过去出现的全部的数据。

另一种解释是众所周知的**小数定律**（law of small numbers）。这是特沃斯基和卡尼曼创造的一个幽默术语，改写自统计学领域十分著名的**大数定律**（law of large numbers），该定律指出，一个足够大的样本的分布与整体分布相类似。**小数定律**则表达了一种心理现象，即人们基于一个小而不具代表性的样本得出错误的结论，这可能导致泛化、偏见和刻板印象。

对此，特沃斯基和卡尼曼提出了下列问题。

某城镇有两家医院。在较大的那家医院里，每天大约有 45

个婴儿出生；在较小的那家医院里，每天大约有 15 个婴儿出生。如你所知，大约 50%的婴儿是男孩。然而，确切的百分比每天都在变化。有时可能高于 50%，有时会低于 50%。在一年的时间里，两家医院记录了出生婴儿中 60%以上是男孩的日子。你认为哪家医院记录了更多这样的日子？

　　在被问及这个问题时，只有 21%的人回答正确。其余的人则错误地回答说，大医院记录的这样的日子更多，或者两家医院记录的天数是相当的。正确的答案是，那家小医院记录了更多超过 60%的出生婴儿是男性的日子，这是因为它的样本数量更小，因此偏离整体平均的概率更高。在小医院出生的每个婴儿占当天所有出生婴儿的 7%，而在大医院，每个婴儿只占当天所有出生婴儿的 2%。因此，每一个男婴的出生对小医院总体男婴出生百分比的影响比大医院更大。

　　请阅读下面的问题：

　　在一个瓶子中有 60 个红球和 40 个白球，而在另一个瓶中有 60 个白球和 40 个红球。一位女士将她的手放入了其中的一个瓶里，并取出了 3 个红球（100%）。她的同伴将手伸进了另一个瓶里并取出了 10 个球，其中 7 个是红球（70%）。在他们当中，谁更确定自己把手伸进了红色球较多的瓶里，是这位女士还是她的同伴？

　　特沃斯基和卡尼曼问了许多人这个问题，大多数人认为女士本人把手伸进红球更多的瓶中的可能性更大。在这里，同样地，人们因样本数量的关系犯了错。假设一个篮球运动员 10 投 7 中，另一个人 3 投 3 中。3 投 3 中的人更有可能是走运。随着投篮次数的增加，运气就变得不那么重要了，而球员自己的投篮水平逐渐变得重要。

以色列研究人员拉玛·法尔克（Ruma Falk）以一种独创的方式测试了随机性。她构建了两个 12×12 的网格，如图 2 所示。在这两个网格中，50% 的方块是黑色的。

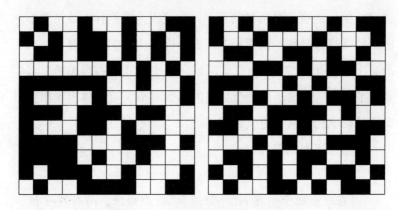

图 2　用于评判随机性的两个黑白网格

研究人员问被试："这两个网格中的一个的排列是随机产生的，而另一个不是。在你看来，哪个网格具有随机生成的排列——是右边的网格还是左边的网格？"

如果你和这项研究中的大多数参与者一样，那么你会认为选择右边的网格作为随机产生的网格更令人放心。左边的网格看起来好像包含了序列，并且有完全相同的颜色覆盖了大片表面，因此，人们更倾向于认为它是非随机的。

　　实际上，左边的网格是两个网格中随机生成的那个。人们错误地认为，如果方格中的颜色各有 50% 的概率，那么它更有可能呈现交替的颜色，而不是显示单一的颜色序列。

　　人们往往犯的一个非常突出的错误是猜测，如果在不确定的条件下有两个可能的结果，其中每一个发生的概率都是 50%。例如，当我问农民："今年结霜的可能性有多大？"最常见的回答是："要么有，要么没有。"他们相信概率是五五开的。但是，如果某一特定地区平均每 10 年才发生一次霜冻，那么明年发生霜冻的概率是 10%，而不是 50%。

　　如果你问股票市场的投资者："某只股票上涨的概率是多少？"他们会回答："要么上升，要么下降；只有两个选择，因此，概率是一半一半。"但事实是，如果股市正处在牛市，某只股票升值的可能性就更大。如果是熊市，股票价值下跌的可能性就更大。概率并不是一半一半。

　　关于同样的问题，还有一个非常著名的场景是一款有三扇门的游戏（见图 3）。其中一扇门的后面是一辆豪华轿车，另外两扇门的后面是山羊。在一档名为《让我们做个交易》（Let's Make a Deal）的游戏节目中，有一次，一名参赛者选择了一扇门，主持人蒙蒂·霍尔（Monty Hall）并没有立即透露其所选的门后是什么，而是打开了另一扇门，门后站着一只山羊。因为有两扇门的门后有山羊，所以主持人总是能够给观众展示一只山羊。在主持人揭露这扇门的背后是一只山羊后，他让参赛者在剩下的两扇门中再次选择。参赛者可以选择坚持他最初的选择，或是改变他的想法去选择第三扇门。

大多数人更愿意去打开他们最开始所选择的门。其中一个原因是，如果一个人坚持自己最初的选择，即使没有赢得豪华轿车，也只会感到失望而已。但如果他改变了原来的想法，去打开了第三扇门，而没有坚持最初的选择，最后没有能赢得豪华轿车，他不仅会感到失望，而且会后悔没有坚持最初的选择——当他本来可以选择背后是车的那扇门时，他却最终选择了背后是羊的那扇。

另一个人们不喜欢改变他们原来所选择的门的原因是，他们确信豪华轿车在这两扇门其中任意一扇门后面的概率是相等的。这样，如果只剩下两扇门，而豪华轿车在其中一扇门后面，那么它在人们所选择的那扇门后面的概率等于在另一扇门后面的概率。换句话说，两扇门各占一半。

然而令人惊讶的是，这是不对的！豪华轿车在人们最初选择的门后面的概率是 1/3，而不是 1/2。结论是，改变最初的选择去打开另一扇门是绝对值得的！

图 3 摘自《纽约时报》（*The New York Times*）上刊登的世界最高智商（228）的玛丽莲·沃斯·莎凡特（Marilyn vos Savant）和与她一直争论的数学教授之间的长文。玛丽莲有一个专栏，用于回答读者提出的科学方面的问题。她对蒙蒂·霍尔问题的正确解答引起了来自数学家和统计学家的一片嘲讽，这些学者仍然坚持在打开一开始选择的那扇门后，赢得豪华轿车的概率是 50%。

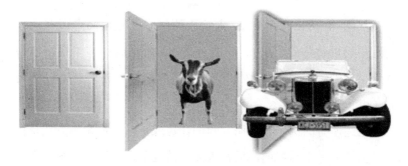

图 3　蒙蒂·霍尔问题

　　我们向大家呈现这款游戏的目的是想说明：人们经常错误地认为两个事件的概率是相等的，而实际上，这两个事件的概率并不相等。

　　还有一个智力游戏：一个房间里面有 60 个人。其中至少有两个人的生日在同一天的概率有多大？看上去，如果房间里有 60 个人，一年是 365 天；概率是 60/365，也就是约 1/6。然而，这个答案是不对的。正确答案是 99.4%——几乎是百分之百。图 4 展示了对于不同大小的样本而言，两个人在同一天过生日的概率。

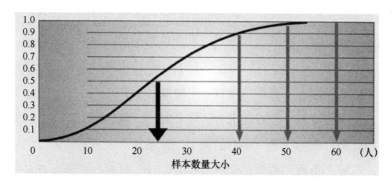

图 4　随着样本数量的变化，两人生日相同的概率

从图 4 可以看出，23 人组成的样本已经使两个人在同一天过生日的概率是 50%。在由 40 个人所组成的样本中，概率达到了 89%，而在 50 人和 70 人组成的样本中，概率分别是 97% 和 99.9%。

上述所有的例子都表明，我们计算或是估算概率的方式是凭借直觉的，是不理性的，而在大多数情况下，这种方法都不会产生统计学上正确的结果。

作为这一章的总结，我要提出一个该领域非常有名的问题，它被称为秘书问题（the secretary problem）。在一家新公司中有 100 个经理。每一个经理都在寻找一个新的秘书，同时他们中的每个人也希望自己的秘书是最好的。一家招聘公司招聘了 100 个人，即将给每人安排一位经理。每个候选人都在公司办公室外面排着长队等待录用。

公司的总裁第一个选择。他面试了第一位候选人，他可以录用他或者拒绝他再去面试下一个候选人。未被总裁录用的应聘者会继续接受副总裁的面试，而总裁不能再录用之前的应聘者。总裁可以面试尽可能多的候选人，直到找到理想的秘书。问题是，对于总裁而言，为了找到最好的秘书，哪种策略是最好的？总裁从 100 个候选人中选择最好的一个的概率是多大？

让我们用另一种方式来表达这个问题：你会在 1000（1 万或者 100 万）张纸上写下不同的数字，范围从负无穷到正无穷。正数，负数，小数，整数，你想写什么都行。只要你告诉我有多少张纸，并保证没有两个完全相同的数字。

我们会充分地进行打乱，并且我需要猜出哪张纸上的数字最大。接下来就是我要做的：我会打开第一张纸，看上面的数字，然后表示这不是最大的数字，接着打开第二张纸，接着第三张，以此类推。在某个特定的时候（在看完所有数字之前），我会停下来，并宣布："这就是最大的数字！"在你看来，如果你在1000 张纸上写数字，而且我并不知道数字的范围是什么，我能选出最大数字的概率是多少？

有些人天真地认为，如果我随机地停在了这 1000 张纸中的一张上，我选择最大数字的概率是 1/1000。如果我确实是随机选择了这张纸，这就是正确的答案。但是，这不是我要做的。如果确实有1000 张写有不同数字的纸，下面将会是我要做的：

在充分打乱纸张后，我会一个接一个地打开其中的 368 张，并称里面的每一张都并不包含最大的那个数字。

当我打开这 368 张纸的时候，我会记住其中最大的数字。让我们假设最大的数字是 980 亿。然后，我会打开剩下的 632 张纸。当出现第一个比 980 亿大的数字时，我将会宣布这是 1000 张纸中最大的数字。

我成功的概率有多大？答案是 36.8%。当处理 10 张、1000 张或者 100 万张纸时，这样高的概率是真实可靠的。

将这种方法用在 30 张纸上。让你的孩子或其他重要的人在纸上写下任意 30 个数字，并把它们混合在一起。打开前 11 张纸条（30×0.368≈11）。记住最大的数字，继续打开剩下的纸条。当你得到一个比前 11 张纸条中最大的数字还要大的数字时停下来。现在你不应该感到惊讶：在超过 1/3 的情况下，你能够猜对。

总结

1. 那些相信命运的人可能会忽视对概率的准确评估。依赖于命运的决策，忽略了事件的统计概率。这种无视等于将概率和风险抛诸脑后。不仅仅是命运，我们的行为也会影响我们决定的结果。

2. 命运没有记忆。对于统计事件，不存在纠正或报复机制。我们倾向于把随机的结果解释为命运补偿了我们过去的遭遇。而事实上，这两件事之间并没有联系。

3. 对独立进程来说，一个事件和另一个事件之间没有联系，而与独立进程相反的是，有记忆系统的进程——也就是在任何节点都能测量情况的过程（比如血液中的酒精含量或油箱中的汽油）——它们的结果不取决于命运，而是取决于系统的状态和它行进的方向。一个醉汉可能不会因为命运而出车祸，但可能会因为过量饮用伏特加；一辆车突然停下来不是因为运气不好，而是因为油箱里没有汽油了。

4. 人们需要注意，不要把命运看作一种趋势。通常，一个巧合的序列可以被赋予不相关的含义，比如发现某个城市有多少人患有癌症，然后推断该地区到处都是辐射或被污染的水。事实上，这种现象可能完全是巧合。从小样本中得出的任何结论都可能是错误的。

5. 为了得出统计结论，有一个大的样本数量是必要的。一方面，在赌场里想输钱的人应该用少量的钱来多玩几轮轮盘赌。一个想要赢钱的人，即使他们的胜算低于50%，也应该带着一大笔钱来只玩一轮。另一方面，想在股票交易所赚钱的人应该做长线投资，而不是试图在几天内"发一笔横财"。原因在于，赌场的预期利润是负的，一个人更有可能通过赌一把来赢；而在股票交易所的预期利润是正的，一个人更有可能通过参与很长一段时间来赚钱。

6. 有组织和无组织的序列的概率是相等的。骰子扔出三次6的概率等于它扔出 3 然后是 6，然后是 4 的概率。

7. 通常两种可能的结果不具有相同的概率。也就是说，两种结果的概率不是 50%：50%。它们可以是 90%：10%，60%：40%，甚至是 99%：1%。

第2章　两个大个子和一辆抛锚的车

1975 年圣诞节假期期间，我和妻子去拜访住在纽约郊区哈莱姆（Harlem）附近的一位阿姨。我们开车从我上学的地方——波士顿出发，开的是一辆当时对以色列学生来说很典型的车——一辆又大又旧的美国车。

当我们进入哈莱姆区时，汽车开始噼啪作响，随后完全停了下来。当时是晚上 6 点，夜幕刚开始笼罩城市。一股强烈的冷空气从车外袭来，而发动机还是无法启动。

突然，不远处出现了两个身形巨大的人。我对我的妻子说："他们很可能会杀了我，然后强奸你。""或者反过来。"她十分紧张地回答。

那两个令人望而生畏的男人走近车子，用友善的语调问道："我们能帮你吗？"我们用着支离破碎的英语试图解释说我们的汽车坏了。他们告诉我们，离我们所在的地方不远处有一个汽车修理店，它可能还开着，如果我们愿意，他们可以帮我们把车推过去。

虽然我们对此持怀疑态度，但是我们也没有其他的选择，因为我们被困在这个寒冷而陌生的城市里。如果有人在 1975 年圣诞节假期的哈莱姆街道上，他们会看到一个小个子和两个大个子在黑漆漆的路上推着一辆旧的美国车。

幸运的是，汽车修理店还在营业。我们的新朋友和店主对我们颇有好感，给我们提供了一份热饮。车很快就修好了，修理费用也非常合理，在衷心感谢了他们所有人并祝他们节日快乐之后，我们继续上路了。

我们很晚才到达目的地，并告诉了家人路上所发生的事情，他们十分震惊地说道："你们不应该穿越哈莱姆区，你们的运气真的太好了！"

就是在那一刻，我第一次明白什么是真正的偏见，以及它是如何对特定的人群（主要是少数族裔）生效的。哈莱姆区的大部分罪犯都是非裔美国人，也就是黑人。但是哈莱姆区大多数非裔美国人并不是罪犯。我们这次遇到的人是十分友善的。

同样地，我们可以说欧洲的大部分放债人都是犹太人，但欧洲的大部分犹太人都不是放债人。大多数肺癌患者都是吸烟者，但大多数吸烟者并不患有肺癌……

许多政客和其他人经常混淆的是：在 Y 发生的情况下 X 发生的概率和在 X 发生的情况下 Y 发生的概率。如果一个人得了肺癌，很可能是他曾经吸烟。但如果一个人吸烟，他得肺癌的概率也不高。这就造成了**逆谬误**（inverse fallacy）。

与此相同的另一个现象被称为**起诉者谬误**（prosecutor's fallacy）。如果一个犯罪嫌疑人认罪，那么看起来他是真正罪犯的概率会增加。但如果真正的凶手在审讯中不屈服、不认罪，而不习惯审讯的这种压力的无辜的人却承认了自己的罪行呢？一个无辜的人承认他没有犯下的罪行的概率比一个有罪的人承认他已经犯下的罪行的概率要高，这是有逻辑可循的。

几年之前，我所任教的大学的一名雇员打电话告诉我说，我们的一名学生被怀疑是震惊全国的连环强奸犯。在那个时间节点，我已经在监狱做了 20 多年的志愿者。我得到了关于这个学生的信息，随即前往拘留所看望他。因为我认识监狱长和他的下属们，所以他们准许我去看望这个已经拘留了三个月的犯罪嫌疑人。

看见我后，那名学生很是惊讶。他告诉我，他在审讯中被殴打、挨饿和被羞辱，巨大的肉体和精神上的压力压在他身上。事实上，在发生多起强奸案后，当时的公众处于极度紧张的状态，而后来这被证明是臭名昭著的强奸犯本尼·塞拉（Benny Sela）所为。这件事也影响了警方，他们想要解决这个难题，破获这个案件，将公众从这个恶魔般的强奸犯的威胁中解放出来。

这位学生告诉我，为了不再受到伤害、恐吓、精神和肉体上的折磨，他几乎承认了一件自己从未犯下的罪行。

在我们熟悉的其他案件中，有犯罪嫌疑人承认了罪行，但罪行后来却被揭露是由别人犯下的。以色列最著名的案件之一是苏莱曼·阿贝德（Suleiman Al-Abeid）案，他在贝尔谢巴（Beersheba）地区法院被判谋杀来自奥法基姆（Ofakim）的 17 岁女孩哈尼特·基科斯（Hanit Kikos）。当最高法院重新审理此案并将此案呈交给九名法官审理时，他也被判处有罪。在该谋杀案发生 15 年后，司法部部长才建议缩短阿贝德的刑期。

我必须承认，当我第一次去拘留所看望我的学生时，我真的不知道该相信什么。也许他真的是那个恐怖的强奸犯？我又怎么会知道？当我见到他时，他看起来就像一个典型的罪犯。他胡子拉碴，由于缺乏睡眠，他眼窝深陷，看上去十分悲惨、充满着绝望。我过去以及现在对警方有着完全的信任。但我当时就知道，就像我现在知道的一样，世界上每个警察都有可能犯错误，被错误的观念误导。谁又能真正知道真相呢？

一段时间后，真正的强奸犯——本尼·塞拉落网了，但警方还不确定他是否应对所有未解决的强奸案负责，他们也不同意让这名学生返校继续学习。

与此同时，这名学生的律师找到我，请求我在这名学生在被软禁在大学期间监督他。我有一丝丝犹豫，但在了解到那名连环强奸犯已被逮捕后，我答应了律师的请求。

最终的结果是，这名学生并不是什么连环强奸犯。他回归了学业，但他已经不再是原来的他了。在经过了好几年的拖延之后，他付出了巨大的努力完成了学业，我十分怀疑他这一辈子还能否走出被诬告时所经历的创伤。

在表2中，让我们用一个定量样本来说明**起诉者谬误**。

表 2 起诉者谬误的例子

	有罪	无罪	共计
承认	18%	3%	21%
不承认	72%	7%	79%
共计	90%	10%	100%

让我们假设 90%的被告人确实有罪，10%的人无罪（这些数据是根据 2000 年的法院裁决得出的）。

由于天真软弱的无辜者比顽固的罪犯更容易认罪，认罪本身就减少了犯罪的可能性，而不是增加它。因此，许多法学家拒绝仅根据被告的供词来定罪，并要求警方提供进一步的证据——这不是没有原因的。

逆谬误也是**指责受害者**（victim blaming）的原因，根据这个理论，受害者们受到的伤害就是活该、罪有应得的。一个例子是："她本就应该知道晚上不要在大街上走，为什么她对自己被强奸感到如此惊讶？"的确，大多数被强奸的女性都是在走夜路的时候受到侵害的，但是也有很多女性走夜路时并没有被强奸。

另一个现象，**后视偏差**（hindsight bias）也与此相关。人们总是事后诸葛亮，夸夸其谈自己当时与众不同的预估力。我们经常听到人们说这样的话："我早知道那会发生"或者"这是不祥之兆"。在美国，这种现象被称为"周一早晨的四分卫"。无论事前有多么难以预计，以后见之明来看待事情总是明晰的。**后视偏差**阻碍着人们学到教训，因为其事后解释现象的倾向以及他们的自以为是，而事实上，这只是马后炮。

后视偏差在股市中体现最为明显。许多专家至今仍在声称全球经济危机和股市暴跌本可以被预先发现，但在 2008 年金融危机爆发时，这些专家又在哪里呢？

与**后视偏差**相似的另一种现象被称为**决定滞缓论**（creeping determinism），在这种情况下，对最终结果的了解会影响一个人回忆用来解释结果的一致证词和证据的能力。例如，当我们发现了恐怖片中的凶手时，我们一瞬间回忆起来所有的细节——那都就证明了凶手。

在《裸脑》（*The Naked Brain*）一书中，理查德·雷斯塔克（Richard Restak）谈论了后见之明是如何改变判断的。这是一个大脑"刷新"记忆的过程，并不是对事实的忠诚。雷斯塔克提到了杰拉尔德·萨尔特曼（Gerald Zaltman）在其所著的《客户如何思考》（*How Customers Think*）中写道："……向最开始对一部电影持负面评价的观众展示这部电影好的评价，并要求他们描述他们对这部电影最初的预计……在看过好的评价后，观众会记得最初评价中更多的积极方面。但是他们对于自己最初的想法已经失真的这件事毫无察觉。这些观众相信他们在表达与第一次完全相同的想法。而在最初持积极评价的观众看了负面评价之后，这种反转也产生了。"

观众被影响了，其记忆中原本以特定的方式发生的经历变得不同，而他们无法意识到自己的记忆已经被混淆替换。

作为总结，我们总是声称我们能很轻松地提前预测发生的事件和进程，但是事实上，我们只是被自己的记忆欺骗了。这导致了我们对事件顺序的错误重建，就好像它在现实中发生了一样。

中国有一句成语"疑邻盗斧"，大意是说：

曾经有一个人丢了一把斧子，他怀疑是邻居家的孩子偷的，他看那个孩子走路的样子就像偷斧子的人，其言行举止，无论什么都像偷斧子的人。

不久后他在花园里翻土时找到了他的斧子。另一天，他又看见了邻居家的孩子，就觉得他的言行举止没有一处像是偷斧子的人了。

总结

1. 人们应该小心，不要仅仅因为一群人的某些方面与该组中的大多数人相同，就给他们贴上标签。

2. 我们应该明白不要在事件发生后假装理解它。如果我们碰巧感到惊讶，我们应该努力理解是什么导致了我们的惊讶，而不是试图声称我们从一开始就预测到了事件，这根本不让人意外。

3. 我们最好从过去所犯的错误中吸取教训，不要模糊它们。一个事后才意识到自己在最开始的估计是错误的警察，应该努力寻找错误的根源，而不是为自己的错误找借口。

4. 人会受到事件和信息的影响，他们的记忆有改变的趋势。他们可能认为某段记忆是真实的，但事实上记忆可能会因为信息而改变，而这些信息之后才会被呈现。当一个人的记忆发生改变时，即使用测谎仪进行测谎，也会发现他说的是真话，因为他并不知道自己的记忆发生了变化。

第3章 受伤士兵与辛普森悖论

纳哈里亚（Nahariya）的加利利医学中心（Galilee Medical Center，GMC）和海法（Haifa）的瑞本医院（Rambam Hospital），哪家医院更好？如果我们查询这两家医院的受伤士兵康复率，我们会发现加利利医学中心的康复率高于瑞本医院。但如果我们查询轻伤士兵的康复率，我们会发现瑞本医院的数据更高，而重伤士兵的康复率也是如此。出现这一情况的原因就藏在**辛普森悖论**（Simpson's paradox）中——这是一种统计上的悖论，即当若干个子群体合并为一个群体后，会发生一种反转的趋势。加利利医学中心总体康复率比瑞本医院高的原因是大多数重伤士兵是被送到瑞本医院治疗，而轻伤士兵则被送往其他医院，这使得加利利医学中心的康复率更高。

让我们来看看另一个例子：表3展示了黑人和白人杀人犯之间的种族歧视，和发生在20世纪70年代末佛罗里达的谋杀案。

表中共有637起谋杀案，每起案件中都只有一个谋杀者和一个被谋杀者。共计有335个黑人杀人犯杀了269个黑人和66个白人，有302个白人杀人犯杀了17个黑人和285个白人。其中5%的黑人杀人犯和7%的白人杀人犯被判处死刑。

表 3　黑人、白人杀人犯的数据

被害人	黑人杀人犯			白人杀人犯			共计		
	黑人	白人	共计	黑人	白人	共计	黑人	白人	共计
共计	269	66	335	17	285	302	286	351	637
被判死刑者	6	11	17	0	22	22	6	33	39
被判死刑率	2%	17%	5%	0%	8%	7%	2%	9%	6%

佛罗里达的白人对此表示强烈不满，他们认为自己受到了不公正的待遇，要求对执法部门进行调查。而调查的结果不仅否认了白人的言论，还证明了执法部门对黑人存在着双重歧视：相比一个白人被谋杀，当一个黑人被谋杀时，法院对案件的审判会更宽松。而当一个黑人是杀人犯时，法院对待案件的严厉程度要比白人是杀人犯的情况更高。

当一个白人被一个白人或者黑人谋杀时，所对应的死刑率分别是白人 8%，黑人 17%。然而，当一个黑人被一个白人或者黑人谋杀时，死刑率分别是白人 0，黑人 2%。这意味着谋杀一个白人被认为比谋杀一个黑人要糟糕得多，这与凶手的肤色无关。

当一个黑人杀了白人或者黑人时，对应的死刑率分别是 17% 和 2%。但是当一个白人杀了白人或者黑人时，对应的死刑率分别是 8% 和 0。意味着执法部门对黑人杀人犯存在着歧视。

这就是**辛普森悖论**：如果黑人杀人犯被判死刑的次数比白人杀人犯多（17% 对 8%），黑人被谋杀的案件中黑人杀人犯被判死刑的比例也更高（2% 对 0），那为什么总体来看，有更多的白人被判处死刑？

对此的解释和前面医院的康复率问题类似：由于白人谋杀犯杀害的大部分是白人（285/302），而且杀害白人的惩罚更为严厉，因此总体而言，尽管存在着对黑人的明显歧视，白人谋杀犯被判处死刑的人数多于黑人。

另一个比较容易理解的例子是在接受学生进入高等教育机构方面存在明显的歧视。详见表 4。

表 4　基于性别的大学录取率

	心理学		商学		共计	
	男	女	男	女	男	女
申请人数	100	900	900	100	1000	1000
录取人数	6	108	360	80	366	188
录取比率	6%	12%	40%	80%	36.6%	18.8%

此处对男、女生的录取是否存在着歧视？你怎么看待心理学和商学这两个专业？它们是否对某一性别存在歧视？

这张表分析了申请大学的 1000 个男生和 1000 个女生。在男生中有 366 人被录取，而女生只有 188 人被录取。看起来对女生好像存在着性别歧视，但是仔细观察这两个专业，你会发现女生们实际上受到了优待：据估计，女生的录取率是男生的两倍（心理学 12%对 6%，商学 80%对 40%）

女生总录取率较低的原因是，大部分女生（90%）选择了心理学，而大部分男生选择了商学，而商学的录取率要高得多（44%）。

辛普森悖论的最后一个例子：表 5 显示了 1991 年 6 月来自

美国五个不同机场的两家航空公司关于航班准点起飞和航班延误的数据。

数据显示，阿拉斯加航空公司有 3274 架次航班准时起飞，501 架次航班在起飞时延误。因此，阿拉斯加航空公司有 13.3% 的航班延误，而美国西部航空公司只有 10.9% 的航班延误。

看起来美国西部航空公司更可靠一些，但是如果我们在每个机场比较这两家公司，我们会发现阿拉斯加航空公司在每个机场的准点起飞数据都比美国西部航空公司好。举个例子，在洛杉矶国际机场，阿拉斯加航空公司的航班延误率是 11.1%；而在同一个机场，美国西部航空公司的延误率是 14.4%。在旧金山国际机场，阿拉斯加航空公司的航班延误率是 16.9%，而美国西部航空公司是 28.7%。

表5　来自美国五个机场的两家航空公司的飞行数据

	阿拉斯加航空公司			美国西部航空公司		
	准点	延误	延误率	准点	延误	延误率
洛杉矶国际机场	497	62	11.1%	694	117	14.4%
菲尼克斯空港国际机场	221	12	5.4%	4840	415	7.9%
圣迭戈国际机场	212	20	8.6%	383	65	14.5%
旧金山国际机场	503	102	16.9%	320	129	28.7%
西雅图国际机场	1841	305	14.2%	201	61	23.3%
共计	3274	501	13.3%			10.9%

所以，如果阿拉斯加航空公司在每个机场都比美国西部航空

公司运作得好，为什么总体数据更差呢？

答案很简单：美国西部航空公司的航班大多从天气宜人的机场起飞，而阿拉斯加航空公司的航班大多从天气恶劣的机场起飞。

总结来说，当我们根据统计数据的总和做出决定时，比如手术的总成功率、标准化考试、法庭案例或大学录取率，我们很可能会错误地评估它们。检查这些数据的正确方法是分别考虑每一个相关的子项目。例如，在讨论医生和律师的专业知识时，应该区分比较难的案件和容易的案件；当讨论大学录取率时，应该单独考察各个学院的录取率，而不是一下子分析所有的数据。

总结

1. 我们应该避免比较包含不同子群体的两个大群体。

2. 学校、医院、航空公司或一般群体之间的比较应在子群体层面上进行，而不是将群体作为一个整体进行分析：首先，我们必须确认相关对象是受重伤还是轻微受伤，其次我们将医院的诊疗水平与适当的子群体进行比较，只有这样我们才能更好地决定把伤者送去哪家医院。这是因为整体进行比较并不能反映出每个子群体的相对部分，因此，得到的整体情况往往会扭曲现实。

3. 有时基于整体信息，我们会认为某一特定群体受到歧视，但实际上，这一群体可能更受青睐。阿拉伯学生被以色列大学录取的概率可能低于犹太学生。这是否意味着歧视？这可能存在歧视，但也可能是大多数阿拉伯学生申请的是难以被录取的专业，比如医学、法律和会计，而大多数犹太学生申请的是容易被录取的专业，比如文学和社会学。录取率应在其所报考的专业维度上进行比较。尽管人们最初认为阿拉伯学生可能受到歧视，但后来可能会发现，阿拉伯学生在某些专业的录取率高于犹太学生。

第4章 看电影《大白鲨》可能 比在海水里游泳更危险

在佛罗里达州的海水里游泳和坐在家看电视，哪一个行为更危险？2001年7月6日，在佛罗里达海滩，一条鲨鱼袭击了一个男孩。两个月后，2001年9月3日，在北卡罗来纳州，一条鲨鱼袭击了一对夫妻，丈夫当场死亡，妻子受到重伤。随后，美国东海岸的所有公共海滩都发出了警报。

在1990年到1997年间，美国有28名儿童死于坠落的电视机。这个数字是20世纪死于鲨鱼袭击的人数的四倍。有结论称：对于儿童来说，看电影《大白鲨》可能比在佛罗里达州的海水里游泳更危险（这个例子有点不公平，因为和去海滩的孩子相比，更多的孩子将更多的时间投入到看电视中，我们先别让事实干扰这个例子……）。

当鲨鱼袭击并杀死某人时，晚间新闻就会对此大肆报道。而当有人死在家里或出车祸时，新闻头条就不会弄得沸沸扬扬。

有些活动被认为具有危险性，比如在佛罗里达的沙滩度假或者乘坐一架航班，但事实上这些活动一点都不危险，或者说至少比在佛罗里达的高速公路上开车或在斐济的椰子树下休息要安全得多。

在2001年，在美国境内邮寄的一些信封中含有致命的炭疽杆菌。市民接触这些棕色粉末后，有5人死亡，还有17人感染。有些信封是寄给参议院成员的，这使得美国公众惶恐不安。而这一事件发生在 9·11 事件之后不久，大批美国公民争先恐后地去接种炭疽疫苗。

与此同时，美国也爆发了一场流感。卫生部呼吁其公民（主要是老年人）接种疫苗。而与对炭疽的反应相比，接种流感疫苗的人数非常少。同年，即 2001 年，美国有近 4 万人死于流感，比炭疽死亡率高出 8000 倍。接下来的一年美国政府对流感疫苗的开发预算为 2.83 亿美元，而对炭疽疫苗的开发预算为 50 亿美元，是流感疫苗开发预算的 18 倍。

美国政府好像弄错了，为什么急着研发炭疽疫苗而不是流感疫苗？更确切地说，为什么美国政府要投资这么多钱来研发平均一年只致死一人的炭疽疫苗，而不是导致成千上万人死亡的流感疫苗？

原因在于这些疾病造成的公众印象和感染发生的环境。一场以有毒信封形式出现的恐怖袭击自然比一种众所周知且主要影响老年人的疾病更能吸引媒体的注意。在媒体上，飞机失事比车祸更能引起轰动。在美国，一个人一生中死于车祸的概率约为 1/100。而一个人一生中死于空难的概率是 1/20000。换言之，在美国，一个人死于车祸的概率是死于飞机失事的 200 倍。人们甚至发现，在去机场的路上发生车祸从而失去生命的概率比乘坐飞机本身更大。

这种现象被称为**可得性偏差**（availability bias）：一件事似乎越容易回忆起来，或者越容易在记忆中出现，就越有可能发生。

让我们通过完成以下步骤来进一步理解这一点。花五秒钟想想所有你能想到的以字母"I"开头的国家名称，然后再想想以字母"C"开头的国家名称。请在下面的表 6 中列出你能想到的国家名称。试着把想每个字母的时间限制在五秒以内。考虑到五秒钟时间到时，你可能无法想到所有国家名，写下你认为以该字母开头的国家的数量有多少，包括你想到的和你没有想到的，然后在表格底部写下总数。

表6

以某个特定字母开头的国家名称	
C	I

现在，在你写下所有你能想到的国家的名字后，翻到附录找到正确的答案——所有以字母"I"和"C"开头的国家名称。

你是否对结果感到惊讶？许多人在估计国家数目时出错，因为他们更容易记住以某些字母开头的国家，而不是以其他字母开头的国家。

相似地，被试被问道："英语中，以字母'R'开头的单词和第三个字母是'R'的单词哪个更多？"

大多数被试会回答说，以"R"开头的单词更多，这是因为"R"开头的单词更容易被想起和记忆。然而，实际上是第三个字母是"R"的单词更多。

总的来说，人们评估概率的方式很大程度上是基于他们的记忆力和想象类似事件的能力。这个过程依赖于一个人从记忆中回忆一个事件，当人们想起某些不需要被想起的事时，这就可能导致评估概率时的误判。

总结

1. 在以色列南部的斯德洛特（Sderot），一个人被火箭弹炸死的概率比死于车祸的概率要小。尽管如此，由于对这些事件的新闻报道，人们在火箭弹危机期间对开车前往南部的态度比对开车本身更加谨慎。

2. 当害怕某件事时，如乘坐航班、蹦极、生孩子，或者火箭弹，一个人应该想想过去有多少这样的事发生，而又有多少是以糟糕的方式结束。在这种情况下，统计数据通常可以作为治疗焦虑的手段。

3. 人们必须记住，有些事情是容易回忆或思考的，但这并不意味着它们更容易发生。

4. 我们依赖的是最容易获得的信息——那些最近才获得或以一种吸引注意力的、容易进入我们大脑的方式获得的信息——而不一定是最重要的信息。

第5章 比率偏差中的合理性

　　一位名叫山岸（Yamagishi）的教授在日本东京工业大学（Tokyo Institute of Technology）教两个班。他问早上上课的同学："日本死于癌症、心脏病、谋杀和交通事故的人数比例是多少？"下面是早上上课的同学们给出的答案：

癌症：24%

心脏病：24%

谋杀：14%

交通事故：18%

　　他又向晚上上课的同学提出了相似的问题，但这次他没有提问百分比，而是问他们在1万起死亡事件中以下每个方面大约有多少起。下面是晚上上课的同学的答案：

癌症：1286（13%）

心脏病：1512（15%）

谋杀：487（5%）

交通事故：893（9%）

　　晚班的学生的估计大约是早班学生的一半。用百分比进行的估计与用其他方法进行的估计有什么区别吗？

　　研究表明，当我们基于概率做出决策时，我们倾向于关注分子而忽略分母。例如，大多数人（61%）更喜欢参与这样一种摸奖活动：有一个装有 100 个球的瓶子，其中 9 个是白球，摸出白球者即为获奖；而不是从 10 个球中只有 1 个是白球的瓶中摸出那个白球。9/100 的概率被认为高于 1/10 的概率。如图 5 所示。

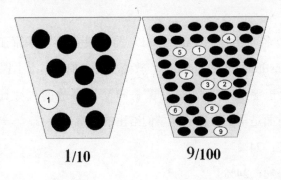

1/10   9/100

图 5

这种现象被称为**比率偏差**（ratio bias），它也存在于受过高等教育以及在其领域有经验的人当中。

关于精神病学家被问及是否应该让某个精神病患者出院的问题，当个体攻击性行为的风险评估为 100 个此类患者中有 20 个时，大约 40% 的精神病医生反对释放，这意味着 100 个患有类似精神疾病的人中，大约有 20 个可能有攻击性行为。但只有 20% 的精神病医生反对释放风险评估为 2/10 的有攻击性行为的病人，换言之，10 个有类似精神疾病的患者中有 2 个可能会有攻击性行为。而结果却是 20/100 看起来比 2/10 高。100 个危险的精神病患者中有 20 个在街上游荡，看起来很多。而 10 个精神病患者中有 2 个在街上游荡似乎没那么危险。我在街上遇到他们中的一个的机会看起来很小。

当医生被要求评估一种医疗方案，其死亡率为每 1000 名患者中有 176 人死亡，他们会认为该方案的死亡率与 100 人中有 37 人死亡的方案相似。也就是说，17.6%等于 37%。

研究者对陪审团也进行了类似的研究。他们被告知，某家商店发生了一起谋杀案，在这家商店发现的血迹与一名经常在那里购物的嫌疑人的 DNA 相吻合。1/3 的陪审员被告知血液检测不可靠的概率是 0.1%，另一组人被告知的概率是 1/1000，而第三组人被告知的概率是 2/2000。

表 7 展示了不同陪审团对犯罪现场发现的血液来源于嫌疑人的概率的估计。

表7

血液检测出错的概率	陪审团认为嫌疑人与血液相符的估计
0.1%	63%
1/1000	43%
2/2000	24%

尽管上述三种不同的统计数字在数学上是相同的，但它们以非常不同的方式影响着陪审员。0.1%的概率似乎可以忽略不计。嫌疑人与犯罪现场的血迹不符的可能性是微乎其微的。当我们听到有 1/1000 的概率时，我们会想到可能是嫌疑犯的那一个人。但是当我们被告知概率是 2/2000 时，我们会考虑到有两个个体的测试可能是错误的。所以也许第二个就是凶手？

在上面提供的所有例子中，我们可以看到我们的注意力是如何更多地集中在分子上而不是分母上的。统计数据以不同的数学形式呈现，例如 1%、1/100、2/200、10/1000 或 100/10000，这在我们的大脑中形成关于事件概率的不同感觉，尽管所有的值实际上在数学上是相同的。

总结

1. 当我们听到用不同的数学形式提供的概率估计时，我们对它们的看法是不同的。

2. 当概率以一个有分子和分母的简单分数的形式出现时，分子更能吸引我们的注意力。因此，为了做出明智的决定，我们应该仔细观察数字，把它转换成不同的数学形式，看看我们对风险评估或概率的最初感觉是否会改变。比如：如果有人告诉我们，不做手术就能康复的概率是 1/10，在决定是否做手术之前，我们也应该把它看作是 1000 人中有 100 人在康复。如果我们对手术的看法前后一致，我们就应该坚持我们最初的决定。然而，如果概率表达方式的改变引起了我们前后不同的感受，我们便应该三思而后行。

第6章 起锚，启航

丹·艾瑞里（Dan Ariely）是北卡罗来纳州杜克大学（Duke University）的一名以色列教授。2008年至2009年间，他担任判断与决策学会（The Society for Judgment and Decision Making）的主席。他的研究是原创的，并且大多数都很幽默风趣。他的优秀著作《怪诞行为学》（*Predictably Irrational*）描述了他和他的同事在决策理论领域进行的一系列原创研究。

有一天，艾瑞里带着一瓶1998年产自法国罗讷河谷（Côtes du Rhône）的葡萄酒走进课堂，他问学生们，是否愿意以高于他们社会保障号码（即美国人出生时得到的正式身份号码）后两位数字的价格购买这瓶葡萄酒。在他们给出肯定或否定的回答后，他们被要求给出他们愿意买这瓶酒的最高价格。

社会保障号尾号在00～20之间的学生愿意为这瓶酒支付的平均价格为8.64美元，尾号在80～99之间的学生愿意为这瓶酒支付的平均价格为27.91美元。

为什么有些学生愿意支付三倍于其他学生的钱？

学生们并不知道这瓶法国红酒的实际价格。他们只有一个非常粗略的估测。我们来举一个例子，有一个学生的尾号为05。这个学生被问到是否愿意为这瓶酒支付超过5美元的价格。他犹豫了一会儿，回答说："是的，我愿意付更多的钱。""你愿意出多少钱？"艾瑞里问这个学生，他回答道："嗯……7 美元。"

现在再举一个例子，一个学生的尾号为 95。当被问及是否愿意为这瓶酒支付超过 95 美元的价格时，他毫不犹豫地说："不，我只会付更少的钱。""你愿意出多少钱？"艾瑞里问这个学生，他回答道："嗯……最多 30 美元。"

社会保险号码的最后几位就像一个锚（anchor）——一个无意识的固定的测量标准。当人们被要求估计某个事物的价值时，他们会设定一个特定的锚点，并据此做出决定。例如，如果我们被问及 2022 年将有多少人死于交通事故，可以推测，我们将使用的锚点是 2021 年的交通事故死亡人数。我们会将自己的估量与这个数字相匹配，比如新增汽车和新建街道的数量，然后我们将得出最终的评估。然而，锚点的改变会影响和改变我们的估计。

爱因斯坦第一次去美国是什么时候？1915 年之前或之后？1922 年之前或之后？如果爱因斯坦在 1879 年出生于德国，1955 年在美国去世，我们可以估计他第一次去美国是发生在他出生之后，去世之前。

尽管如此，当问某些人爱因斯坦第一次去美国是在 1915 年之前还是之后的时候，这些人估计的是他第一次去美国是在 1922 年，当问另一些人他第一次去美国是在 1922 年之前还是之后的时候，这些人的估计是他 1928 年第一次去美国。顺带一提，正确答案是爱因斯坦于 1921 年第一次去美国。

世界上存在着许多可见或隐形的"锚"，它们影响着我们每一步的决策。这里有一个例子：在一次实验中，金宝汤

（Campbell Soup）公司将其罐头产品以 79 美分一罐的价格出售，而它通常的价格为 89 美分一罐。这项实验在三家商店进行，商店的摊位旁边都有一个牌子，上面写着："金宝汤罐头打折，每罐 79 美分。"牌子上还分别写着"无限量购买""每人限购 4 罐""每人限购 12 罐"。

在第一家商店，也就是那个无限量购买的商店，平均每位顾客购买了 3.3 罐，总共卖出了 73 罐。在第二家限购 4 罐的商店，平均每位顾客购买了 3.5 罐，总共卖出了 106 罐。在第三家限购 12 罐的商店，平均每位顾客购买了 7 罐，一共售出了 188 罐。

很容易看出，当每人限购 12 罐时，平均每位顾客购买的罐头数比没有购买限制时增加了 121%，总购买量增加了 157%。两者的不同之处在于允许购买的最大罐数的隐藏锚点。

锚点并不一定是数字，它可以是一个包裹或一个容器的大小。人们买啤酒时倾向于一箱六瓶，因为它们的包装，但他们也可以买到小包装。我们每次刷牙所使用的牙膏量受牙刷刷头长度的影响。超市里购物车的大小也起着锚定的作用，有些人倾向于按照购物清单上的东西进行购买，而不会买其他更多的东西，而另一些人去超市时没有购物清单，在货架间闲逛，挑选看起来不错的东西，然后推着满满的购物车走向收银台。连锁超市提供大购物车是有原因的。（可惜的是，一些超市没有修好手推车的前轮，因前轮无法滚动，导致顾客斜推手推车，从而缩短了在店里的时间……）

总结来说，我要展示的是**锚定效应**（anchoring effect）是如何影响外行人的同时，也影响专业人士的，它不仅仅存在于学生参与的实验中，更存在于真实的市场中。下面的例子描述了实际生活中一个对房地产中介进行的实验。

有一些房地产经纪人收到了一份关于同一所房子的详细资料。这份资料包括房屋的所有细节：房屋质量、翻修次数、使用的建筑材料、承包商名称、该地区其他房屋的价格等。这些经纪人之间唯一的区别是，他们中的一些人被告知，房主要求以 12 万美元的价格出售这所房子，而另一些人被告知，房主的要价是 15 万美元。这些经验丰富的房地产经纪人检查并评估了房子，非常仔细地阅读了相关资料，然后被要求卖出这所房子。最后，锚点低的一组的平均售价为 11.1 万美元，锚点高的一组的平均售价为 12.7 万美元，比锚点低的一组的平均售价高出 14%。这个案例中，两组人得到的与这所房子相关的所有信息都是相同的，所有的房地产经纪人都是经验丰富并且在房地产领域工作了很长时间的人。

另一个案例：向 16 名平均任职了 15 年的代理法官提供了一桩强奸案的详细描述。一半的法官被告知，一名大一的计算机科学专业的学生以检察官角色的角度，声称强奸犯应该被判 34 个月的有期徒刑。其余的法官被告知，一名缺乏法律专业知识的学生声称，该强奸犯应被判 12 个月有期徒刑。

第一组法官判处的平均刑罚为 36 个月的有期徒刑，第二组法官判处的平均刑罚为 28 个月的有期徒刑。即使是受教育良好、经验丰富的法官都会落入锚点的陷阱。总之，评估数据的大小在很大程度上取决于评估的框架。我们会接触到许多难以察觉的锚点，它们使我们评估的结果陷入锚点的框架中，例如，在超市购买的商品的数量与购物车的大小相关，我们使用的牙膏量依赖于刷头的长度等。我们愿意为某种产品付的价钱，除了其他因素之外，取决于我们在购物过程中所考虑的不同数字。

总结

1. 在评估未知数据时，我们会使用已知的锚点，但我们通常无法调整我们的评估结果，使其能包括其他的因素。

2. 在评估某些可量化的变量时，我们的考虑因素不应该被锚点所左右，无论它是我们自己设定的还是别人设定的，是已知的还是潜在的。

3. 在进行评估之前，应咨询他人，最好是该领域的专家。然而即便如此，我们在提问时也不要使用锚点，或者问一些人一个低锚点，问其他人一个高锚点，然后得出最终的评估结果。同样的道理也适用于出售公寓或汽车等商业交易。

4. 许多人在营销中使用锚点作为推动销售的一种手段。这些锚点一方面能提高顾客的购买量，另一方面也能让产品更具吸引力。该价格与固定价值（即常规价格）之间的距离越远，该产品吸引购买的能力也就越大。

5. 在谈判中，锚点也起着主要作用。在很多情况下，人们都十分谨慎地提供一个报价，以免他们的报价被用作锚点。他们担心自己提供的报价高于对方最初所期待的金额。因此，谈判桌上的最初报价将极大地影响最终的结果。

第7章　谁是露丝

露丝作为学校众多员工之一，被从一份员工名单中随机挑选了出来。她是一位 40 多岁的女性，她的朋友们认为她十分害羞且内向、在他人需要时乐于伸出援手、但对人和时事不太感兴趣。她计划周密，总是会提前安排好事情，喜欢整洁，并且十分关注细节。

在下列选项中，你觉得哪个更可能是露丝的职业？护士、教师、秘书、图书管理员还是心理学家？

这是特沃斯基和卡尼曼原先进行的一项实验，我问了我的学生及讲座参与者很多次，绝大多数人都认为露丝是一位图书管理员。很显然，许多图书管理员都符合上述的描述，这也是绝大多数人都认为露丝是一位图书管理员的原因。

代表性启发法（representativeness heuristic）是在估测可能性时所存在的一种现象，指将某个特定案例的描述与特定人群中广为熟知的某个形象相联系从而进行估测。

但在这个例子中，露丝是图书管理员的概率是相当低的，为什么？因为图书管理员在学校员工中的占比是很低的。即使所有的图书管理员都很害羞，但很显然，一定有更多害羞的老师。简而言之，让我们假设校园内有 100 名员工，他们要么是老师，要么是图书管理员。其中有 98 位是老师，剩下 2 位是图书管理员。即使只有5%的老师是害羞的（大约5人），所有的图书管理员都是害羞的（2人），在这7人中，也有5位是老师，仅2位是图书管理员。因此，一个害羞的人是老师的概率为5/7，而是图书管理员的概率是2/7。统计结果如表8所示。

表8 害羞的老师与害羞的图书管理员比例的基率谬误

	老师	图书管理员	共计
害羞	5	2	7
不害羞	93	0	93
共计	98	2	100

基率谬误（base rate fallacy）是一种过于关注个体化信息，缺乏对其在群体中发生频率的关注，同时忽略了子群体在群体中的基本比率的趋势。这就好比我们问："世界上最高的人更可能是中国人还是来自小城拉哈特（Rahat）的贝都因人（Bedouin）？"许多人都会给出正确答案——中国人，但当我们说："中国叫穆罕默德（Muhammad）的人更多还是拉哈特叫穆罕默德的人更多？"许多人都会错误地认为答案是拉哈特。拉哈特的人口即使全都是穆斯林，也只有44000人，中国却生活着1800万穆斯林。

约翰·史密斯是一个身高7.15英尺（2.17米）的美国人，他更可能是：A.一名篮球运动员；B.一名钢琴演奏家；C.既是篮球运动员也是钢琴演奏家。

大多数人会回答说，概率按从大到小排列是A-C-B，意味着他更可能既是篮球运动员也是钢琴演奏家，而不仅仅是一名钢琴演奏家。解释很简单明了：如果他有这么高，他更像是一名篮球运动员。

特沃斯基和卡尼曼有一个很著名的实验，叫作"琳达问题"（the Linda problem）。被试会被告知以下描述：琳达是一位 31 岁、单身、坦率、聪明的女性。她毕业于哲学专业。在学生时代，她深切关注歧视和社会正义问题，并参加了反核武器示威游行。下列两项表述中哪项更有可能是真的：A.琳达是一名银行出纳员；B.琳达是一名银行出纳员，并积极投身于女权运动中。

85%的被试认为 B 选项更可能是真的。

在上述两个例子中，大多数人选择了含有更多条件的选项。两个例子中所存在的错误，被称为**合取谬误**（conjunction fallacy），认为两件事同时发生的可能性比只有一件事发生的可能性更大。所有女权主义银行出纳员都是银行出纳员，而普通的银行出纳员比女权主义银行出纳员更多，因此，琳达更有可能是一名银行出纳员（不管是不是女权主义者），而不是一名女权主义银行出纳员。我将用两个圆圈做进一步演示。如图 6 所示，在右图中，外圈代表着所有的银行出纳员而内圈代表着女权主义银行出纳员。落在内圈的概率一定比落在外圈的概率小。在左图中，右侧的圈代表着钢琴演奏家，左侧的圈是篮球运动员，而中间的阴影部分代表着既是钢琴演奏家同时也是篮球运动员的那组人。阴影部分一定比形成它的每个圈都要小，因此，既是钢琴演奏家也是篮球运动员的概率一定比只是一名钢琴演奏家的概率要小，其实我们谈论的只是一名 7.15 英尺高的美国人。

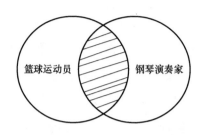

图 6　合取谬误的演示

来自耶路撒冷希伯来大学（The Hebrew University of Jerusalem）的玛雅·巴尔-希勒（Maya Bar-Hillel）和来自鲁平学术中心（the Ruppin Academic Center）的伊弗拉特·奈特（Efrat Neter）向一个特定实验的被试问了以下问题："萨拉在完成大学学业后开始环游世界，她将自己的经历写成一封一封的信寄回家，其中一封信是这样的：'我现在住的地方干净得可以直接从地上捡东西吃。从我住的木屋里可以看到白雪覆盖的小山，所有的窗户都装饰着五颜六色的天竺葵花（geranium flowers）。'你认为萨拉是在哪写的这封信？"

被试有几个选项可以选择，其中有"欧洲"和"瑞士"。许多人选择了瑞士，而不是欧洲，即使欧洲包含瑞士。

我曾问我的学生，每年纽约市有多少起暴力犯罪事件。还有一次，我问他们纽约州每年有多少起暴力犯罪事件。许多人都认为纽约市的暴力犯罪事件比整个纽约州的还要多。

原因在于，纽约市因为许多暴力犯罪事件而登上报纸头条，而纽约州却象征着郁郁葱葱的森林和涓涓细流。似乎一次又一次地，概率统计的顽固规则并不像自由而又野蛮生长的想象力的规则那样有效。

用一个统计学上的笑话来总结本节：一个统计学家带着一枚炸弹到达机场。被人发现后，他受到安保人员的审问，他为自己辩护说，如果有人携带一枚炸弹登上飞机的概率是千分之一，那么两人各携带一枚炸弹登上飞机的概率是百万分之一，这就是为什么他随身带着炸弹——大大降低了飞机遭遇炸弹危险的可能性。

总结

1. 当我们评估某件事情的普遍程度或是发生的概率时，我们必须考虑该特定事件在群体中发生的频率。即使拉哈特所有的居民全是穆斯林，而中国只有 1.5%的居民是穆斯林，在回答叫穆罕默德的人是在拉哈特多还是在中国多之前，必须弄清楚拉哈特和中国各有多少穆斯林。

2. 多件事同时发生的概率总是小于其中一件事发生的概率。

3. 与子群体相比，在更大的群体中更有可能发现某个特定事件的发生。一个人更有可能是一个好的司机而不是出租车司机，因为世界上有很多司机，而没有那么多出租车司机。

第8章 为什么改编总是不如原著

"《哈利·波特》（*Harry Potter*）这部电影怎么样？"

"还行，但是原书比电影更好。"

"《洛奇2》（*Rocky 2*）怎么样？"

"也还行，但是《洛奇1》要更好。"

为什么大多数基于小说改编的电影都不如原著好？为什么大多数电影续集都不如第一部好？

上述两个例子所反映的现象叫作**均值回归**（regression toward the mean），它指的是如果变量在第一次被观测时是极端的，则在第二次被观测时会有很大概率趋向于平均值。

试想有两个人进入一个房间，第一个进来的人有 6.7 英尺（2 米）高。第二个进来的人会比第一个人高还是矮？

如果第一个进来的人有 4.9 英尺（1.5 米）高，第二个进来的人更可能比第一个人高还是矮？

当然，第一个问题的答案是矮，第二个问题的答案是高。类似地，在经历了极端的成功之后，人们会预计接下来是一个温和的成功，而在经历了彻底的失败之后，人们预期会有一个普通的失败。在一场足球联赛 6∶0 获胜后，人们会预计下一场比赛的比分比较平庸。图 7 进一步阐明了这个观点。如果某一确定的观测点位于箭头处，比如，有一个人是 6.7 英尺高，那么下一个观测点比第一个人矮的概率——即第二个人比 6.7 英尺矮的概率，代表着箭头左侧所有的部分，几乎占 99%，而比 6.7 英尺高的概率仅占 1%。

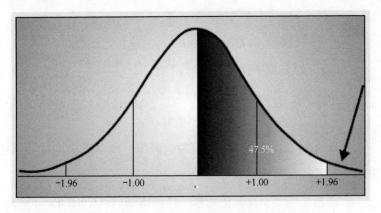

图 7　正态分布和均值回归

这和《哈利·波特》又有何关联？《哈利·波特》小说非常受欢迎。电影版与这本大受欢迎的书相比，很难像其一样引起如此大的轰动。这并不是因为电影版不够好，而是因为小说实在是难以超越。一般来说，不够受欢迎的书不足以被改编为电影。如果《洛奇 1》的反响一塌糊涂，也不会有它的续作《洛奇 2》。既然《洛奇 1》如此之成功，《洛奇 2》超越其前作的概率也就很小了。

回归均值的例子在生活中无处不在。在 2000 年，以色列警方骄傲地宣布他们成功地减少了家庭暴力案件的数量。他们的数据引人注目：女性被其伴侣谋杀的案件数量从 1995 年的 11 起大幅上升到 1997 年的 16 起，之后恢复到原来的案发数，而在 1999 年，类似案件的数量下降到只有 10 起。这对以色列警方和以色列公民来说无疑是一个值得骄傲的壮举。

在图 8 中，1994 年至 1999 年期间，女性被其伴侣谋杀的案件数量最低为 10 起，最高为 16 起，平均每年发生 12.5 起。这是否意味着警方在 1995 年至 1997 年间履职不力，而在 1997 年至 1999 年间治理得当？答案显然是否定的。

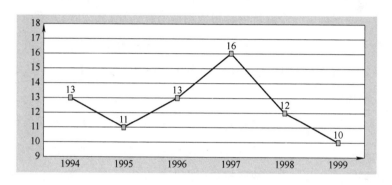

图 8　以色列女性被其伴侣谋杀案件数量的分布

在 1997 年，此类谋杀案的数量毫无征兆地上升至骇人听闻的 16 起。这确实是一个非常极端的情况，与前两年相比上升了近 50%。那么，在经历如此极端的峰值之后，我们应该看到什么？回归平均水平。这并不是警方履职不力导致犯罪率上升，也不是他们的高效率导致犯罪率下降。这完全是巧合。

某一国家的教育部高层进行了长时间的讨论后，决定优秀的学生将不再得到学业上的表扬。这个重要的教学决策是在发现那些在学习上有进步并得到表扬的学生随后在学习上表现更差，而那些得到负反馈的学生则对批评做出积极反应随后提高了他们的成绩之后做出的。教育部部长为这次教育改革感到自豪。

学生什么时候会得到表扬？当他们学习进步的时候，而接下来应该发生什么？学生的学业会回到原本的平均水平，但这并不是因为他得到了表扬，而是因为其上次的成绩与平均水平相差太远。

在 1999 年 10 月 9 日星期六，以色列加利利 65 号高速公路上发生了一起十分严重的车祸。一辆载有 53 人的公交车发生侧滑，翻滚进了一个深坑内。事故造成 17 人死亡，其余人受伤。鉴于这起事故，该道路被部分重建——白线被重画，添加了安全栏杆。自事故发生以来，65 号高速公路上的交通事故死亡人数一直相当低。

交通部能否宣称 1999 年以后交通事故死亡人数减少了？可以这么说，但 65 号高速公路上交通事故死亡人数减少的唯一严肃解释是，上一次事故造成的死亡人数很多，而这一数字之后只能下降。

一位篮球教练禁止明星球员在获胜后接受采访。他宣称当球员在一场自己表现出众的比赛后接受媒体采访，他在下一场比赛的表现就会逊色许多，所以避免采访是值得的。

在某种程度上，教练的观点是对的。在一场比赛发挥优秀的球员接受采访后，通常他们在下一场比赛会表现平庸。但是教练这一观点的错误是，球员表现不佳的原因并不是接受了采访，而是当一场比赛中有某个球员脱颖而出时媒体才会去采访他，而下一场比赛时那位球员很可能会回归他的平均水平。

总而言之，在一个极低的结果出现后，后续的结果很可能会更高，反之亦然。

总结

1. 在一个样本产生极端结果后，后续一般会出现一个较为温和的结果。因此，我们应该警惕那种经历了巨大失败后突然得到改善的感觉，或者在获得巨大成功后经历的失败的感觉。

2. 几乎每一种现象和行为都包含随机和习得的成分。有些学生的成绩可能会因为一些不确定的原因上升或下降，比如考试的难度和他们集中注意力的能力，但也会因为学生学习更加努力，为考试做了更多的准备而有所变化。某一特定区域道路的交通事故死亡人数会受到随机事件的影响，如路面上的油污导致车辆打滑。但也取决于道路上有或没有安全栏杆。

3. 我们倾向于夸大逻辑的重要性，将一个现象与另一个现象联系起来，却低估随机因素的重要性。

4. 我们应该区分趋势和随机性。例如，趋势是指交通事故死亡人数在很长一段时间内明显地持续下降。而随机性是指在两到三年时间里交通事故死亡人数的偶然减少。

5. 有些人认为随机事件是一种趋势，这些人的观点值得一听，但要对其持保留意见。比如，"向以色列发射的火箭弹数量减少是因为哈马斯（Hamas）的基础设施遭到了猛烈袭击。"但与此同时，也有可能是其中一个火箭兵的儿子生病了，这位慈爱的父亲正在医院坐在他的床边。

6. 如果某件事物的起点很好（如一本受人欢迎的书或是一部成功的电影），那么有很大的概率无法再次达成如此成就或者将其超越，而重复尝试的结果也不会那么好。

7. 保持在山顶最高峰比爬上去要难得多，因为人只能从山顶往下走。在很多情况下，成功之后会遭遇挫折，因为为了不从最高点摔下来，一个人必须打破新的纪录，或者至少保持平稳。

第二部分

知道不知道

第9章　我们很难完全了解别人的意思

当我告诉某人："我几乎可以肯定，明天我会通过电话答复你。"而我明天真的会打给他的概率是多少？"几乎肯定"是多大的概率？80%？60%？或者只有40%？

人们往往自认为了解别人在想什么，但其实是高估了自己。

你们可以试试，在表9的各项表述中用百分比的形式写出你的估测。

表9　将短语转换为数值

表述	0～100%
几乎肯定	
大概	
无疑	
也许	
不可能	
经常	
预期可能	
低概率	

在写完你的估测后，将表格和你的答案复写到附录，将你的答案与表格中的数值进行对比。如果你发现你的数值都接近最小值，你也许有点悲观。如果你的数值都与最大值接近，你可能是个天生的乐观主义者。

关于这个主题，一个很有名的例子是："战争爆发的概率很小。"这是以色列情报主管对总理果尔达·梅厄（Golda Meir）关于1973 年赎罪日战争（Yom Kippur War）的可能性所说的话。

战争过去 31 年后，在接受《国土报》（Haaretz）采访时，曾任以色列军事情报局研究主管的阿里耶·沙列夫（Aryeh Shalev）准将表示："当我说'小概率'的时候，我的意思是低于 50%。"

很显然，果尔达理解的"小概率"的意思是发生概率接近于零，所以没有动员后备部队，后面的事情大家都知道，超过 2600名以色列士兵（以及大约 2 万名阿拉伯士兵）在战争中死亡。

在 2001 年 4 月 30 日，以色列《晚报》（Maariv）刊登了国家审计长报告的摘录，当时的国家审计长是已退休的最高法院大法官艾利泽·戈德伯格（Eliezer Goldberg）。其中有一段是这样陈述的："报告指出，有很大概率，迟早会发生强度很大的地震。"这是个信息量巨大的语句。"很大概率"是意味着超过 90%还是超过 5%？"迟早"是几个月内还是几千年后？而"强度很大"是会使得成千上万的人失去生命还是仅仅震垮几栋老房子？

然而，并非仅有高级官员和退休法官在口头概率评估时犯错。当一种药物的描述是"有一定概率不起效"时，接近 90%的医生都会推荐使用。但是当它的描述是"相当不确定"时，只有30%的医生推荐使用。这两种描述有什么区别？第一种描述听起来比较可靠，因此得到了医生的青睐，而第二种听起来不太可靠，医生对其并不推荐。事实上，这两种描述几乎是一个意思。

几年前，我给一家大型医院的部门主管们上了一门决策理论的课程。我要求他们去量化"很有可能"这个表述。有些资深医生的答案是 30%～40%，而其他人是 80%～90%。给出最高评估值的医生问其他人："你们管 30%～40% 的治愈率叫'很有可能'？"

我并不知道这些医生的专业领域，但结果是，对于肿瘤专家来说，30%～40% 已经是很大的概率，而对于耳鼻喉科医生而言，80%～90% 才是很大的概率。

对概率表达的估测必须在它们被提出的同一语境中进行。

另一个关于口头概率表达的例子可以在以色列报纸上的一篇文章的摘录中找到。它是这样说的：

美国情报机构来源：

30% 的概率会发生军事冲突。

美国政府认为，以色列和叙利亚的敌对局势升级，引起了广泛关注。

根据美国机构的消息来源，以色列和叙利亚之间发生军事冲突的概率为 30%。

美国的评估人员将以色列和叙利亚之间的局势升级的风险分为三级：

- 在黎巴嫩南部的安全区，冲突升级的风险较高。
- 戈兰高地（the Golan Heights）发生局部交火的可能性较低，但是风险仍然很高。
- 以色列和叙利亚之间发生广泛军事冲突的可能性很低，但呈上升趋势。

这段摘录是关于美国情报机构评估 1996 年年底以色列和叙利亚或黎巴嫩之间是否可能爆发战争的。

文章一开始看起来可能性很大：30%的概率会爆发战争。这一点很清楚。但看完这篇文章后，很明显，美国对以色列北部会发生什么甚至都没有一个粗略的概念。

在以色列空军轰炸伊拉克核反应堆 25 年后的一次采访中，时任指挥官的大卫·伊夫里（David Ivry）中将表示："最困难的事情之一就是评估风险水平。我告诉内阁成员，存在一个战争风险水平'。然后我意识到应该降低政界人士的紧张气氛，随即我有了一个想法，袭击的风险就像在埃及境内长途空袭的风险——1.1%。每 100 次突袭，我们就会损失一架飞机。一旦我开始以这样的方式来评估概率，事情就变得容易多了。"

这个例子很好地说明了专家是如何用可能性来对事态的危机等级做出评估的。起初，他没有提供数字评估，但在被要求更精确后，他根据自己过去的经验和对行动专业的衡量做出了评估。

伊夫里将军本来可以含糊其词地回答有关攻击伊拉克核反应堆的风险程度的问题。含糊的答案如"概率渺茫"或是"较低风险"会给人一种模棱两可的感觉，也可以作为失败时的保护性借口。但是内阁成员发现，如果没有一个明确的数字估计，很难做出决定。只有一个直接明了的数字评估才能让他们做出更理性且有充分依据的决定。

我们都知道，加拿大军方正面临着非常艰巨的军事任务，任务失败可能会威胁国家安全。在任何时候，一只巨大的白熊都可能会潜入军营，或者挡雪的护目镜可能无法满足当前战斗部队的需要。

也许这就是为什么加拿大军队是唯一一支明确要求将不确定的文本短语翻译成数值的军队。这些指令如表 10 所示。

表 10　加拿大军方翻译概率表达的指令

语言表达	概率
将会/确定	[10/10]
几乎肯定/极大可能	[9/10]
很大可能/非常可能	[8/10]
可能的/大概的	[7/10]
略大于50%可能	[6/10]
一半可能	[5/10]
略小于50%可能	[4/10]
低概率/不大可能	[3/10]
非常不可能/很不可能/极不可能/前景渺茫	[1/10]
不可能/不会	[0/10]

总结

1. 口头概率评估可以使评估者免去精确估测的需要，但是也会使决策者无法触及重要的信息。

2. 使用数值或按百分比提供的概率估计可能会使接受者更清楚。如果根据过去的经验，运用专业知识，并考虑到已有的现实情况，它可以促进人们做出更好的决策。

3. 当人们给出口头概率评估时，他们的意思可能与我们理解的意思非常不同。

4. 当医生、律师或其他顾问向我们提供口头评估时，我们应该要求他们同时提供数字评估。

5. 口头概率评估的表述可以根据上下文和相关领域进行主观解释。有时候，"很有可能"可能意味着 20%，也可能意味着 90%。

6. 听起来积极的词汇比听起来消极的词汇有更高的概率被听者重视。例如，"相当可能"会被视作比"相当不确定"具有更大概率，即使这两者的意思可能差别并不大。

7. 当我们提供口头概率估计时，我们应该加上一个数字范围。例如，"我们赢得诉讼的概率很大。我估计有 80%～90%。"

第10章 多数司机觉得他们的
驾驶水平比平均水平高

大多数人坚信，他们在许多领域都比别人强。2/3 的律师认为他们所代表的一方能赢得诉讼；许多企业家认为他们的新业务有 70% 的成功机会，而其他人经营的类似业务只有 40% 的成功机会。

在我的决策理论课上，我曾让我的学生估计并写下比他们得分高的学生的百分比。在 80 名学生中，认为有超过 50% 的只有 2 人。大多数学生认为他们的得分会高于平均水平（或者中间水平）。如果每个人都高于平均水平，谁来垫底？

之后，我又让学生们估计在以色列有多少司机的驾驶水平比他们更高。同样，大多数学生认为自己的驾驶水平在平均水平之上。

在投资组合管理会议中，参与者被问及在他们退休时会剩多少钱，以及参加会议的其他人退休时会剩下多少钱。平均下来，人们估算他们自己会剩下 500 万美元，而其他人只会剩下 250 万美元。无论目标受众是谁，人们在与自己的同行相比较时，2:1 是十分常见的估测比例。不幸的是，**过度自信效应**（overconfidence effect）不会随着人们变得越来越专业而减弱，只会变得更强。

现在让我们来测试一下你**过度自信**的程度。表 11 中有 20 个问题，每个问题都有两个选项（以字母顺序表示）——一个正

确，另一个错误。你要在两个答案中圈出正确的答案，然后在最
右边的一栏中记录下你认为你的答案是正确的概率。概率必须介
于 50%～100%。如果你对你的答案很确定，就写下 100%。请回
答所有问题，如果你不知道正确答案是什么，就猜一个答案并写
下 50%。

表 11　估算过度自信的程度

问题	答案A	答案B	50%～100%
美国的官方语言是	英语	俄罗斯语	100%
哪个国家的人口更多	尼泊尔	越南	90%
哪个国家的人口更多	俄罗斯	美国	70%
美国的首都是	纽约	华盛顿	
印度尼西亚的人口数量是	4000万	2.4亿	
《魔笛》是由谁作曲的	莫扎特	柴可夫斯基	
伦敦到巴黎的距离是	340千米	740千米	
特古西加尔巴是哪个国家的首都	洪都拉斯	土库曼斯坦	
《圣经·旧约》中哪一卷有更多的章节	《以赛亚书》	《以西结书》	
美国每天的商业航班数量	3万	9000	
摩洛哥的首都是	卡萨布兰卡	拉巴特	
尼泊尔的货币是	伦皮拉	卢比	
乐队"披头士"来自	英国	美国	
世界上每天有多少婴儿出生	7.3万	37万	
土豆原产于	爱尔兰	秘鲁	
在3500种蛇类中，有毒的有	800种	600种	
冰岛的人口有	35万	280万	
在美国，更多人死于	糖尿病	自杀	

（续）

问题	答案A	答案B	50%～100%
在没有保护措施的情况下和患有艾滋病的异性伴侣发生关系，感染艾滋病的概率是	0.2%	38%	
可可豆的大部分生产都在	非洲	南美洲	
哪个国家生产更多的米	印度	日本	
哪个国家的每千人警察数更多	印度	意大利	
世界上的穆斯林共有多少人	7亿	21亿	

完成后，算出右侧一栏中数字的平均值并将其记录在这里：X=___。

翻到附录并核对答案。数一数你做对了多少题，算出正确率，并将其记录为 Y。

现在将 X 值除以 Y 值（X/Y）。举个例子，如果 X，也就是你自信程度的平均估测值为 80%，Y 值即实际正确率为 70%，结果就是 X/Y=80%/70%=1.14。

可以理解的是，仅仅通过 20 个问题是无法衡量一个人的性格的，因此对下列表述我们可以持怀疑态度：如果结果高于 1.3，你过于自信的程度较高，如果结果介于 1.1～1.3 之间，说明你在一定程度上过于自信；如果介于 0.9～1.1 之间，代表你的估测往往比较准确；如果低于 0.8，说明你可能严重缺乏自信。

过度自信也能让人乐观。大多数人以积极乐观的角度看待自己。他们相信：自己比他人会更有前途，在大多数社会特征方面，自己比其他人更好，甚至可以影响或者控制那些实际上依赖于运气的情况。普遍地，人们将他们的成功归结为自身才华，而失败则是运气不好的结果。这种现象被称作**归因偏差**（attribution bias）。乐观主义精神与过度自信的结合使得人们高估了他们控制某个情况的知识和能力，同时低估了他们行动中含有的风险。

还有一种观点认为，人们实际上是自然悲观的，即认为，不利事件发生的概率比有利事件或者中性事件发生的概率更高。理森和季洛维奇（Risen&Gilovich）在 2007 年的实验如下（见图 9）：

假设你花 5 美元买了一张学生彩票。如获奖可赢得 1000 美元。开奖那天，你发现你没有带钱，同时你很饿，想买点东西吃。你可以用买的彩票向经营彩票的学生换回买彩票的钱。

该研究的参与者被分成了四组，分别面对以下四个情形：

1．你不打算要回买彩票的钱，准备去找其他人借钱买吃的。

2．你用彩票换回了钱，之后那张彩票卖给了你的一个好朋友。

3．你用彩票换回了钱，之后那张彩票卖给了一个陌生人。

4．你用彩票换回了钱，之后那张彩票卖给了一个你很讨厌的人。

你认为那张彩票会中奖的概率有多大？

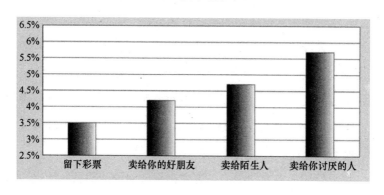

图 9　悲观对概率估测的影响

相似地，研究人员发现，不做作业的学生相信老师会更有可能点到他们回答问题，而不是其他没有完成作业的学生，但当他们完成作业时，他们认为老师更可能点到其他人回答问题。

这种现象被称为**消极偏差**（negativity bias），即消极结果的发生率总是被高估。

消极偏差来源于两个因素的融合：一个因素是注意力会自动转向消极的结果，另一个因素是思考某一特定的现象会增加它在人们眼中发生的概率。因此，当人们谈论到某个无法控制的结果时，消极结果常常被认为有更大概率会发生。

这对我们来说意味着什么？尽管我们总体上保持乐观态度，但有时，对于一些消极或是令人感到恐惧的事件——如飞机失事或者我们支持的队伍输了比赛——对消极结果稍有一点点的思索便会在我们的脑海中增加其发生的概率。

有关过度自信的另一个话题是预测观点分为内部和外部：即我们预测一件事情发生概率的方式。例如，我们有多大的概率会离婚？我们创业获得成功的机会有多大？

许多人在估算概率的时候都会遵从自己的内部观点，基于某人内部观点的预测只聚焦于他的个例，只考虑该事件的特定特征、要点以及可能出现的障碍。当两个人结婚时，他们当然确信他们不会离婚，他们只关注自己多爱对方，这段感情有多么美好，而不会考虑离婚的统计数据。

基于外部观点的预测，是集中在相似问题的数据统计上，而不是这个特定事件本身。例如，预测目前已婚夫妇的离婚比例是

多少，并不是只关注我和我的妻子，而是所有的夫妻。外部观点
会大体上为我们提供一个更现实的预测，尽管如此，当做出直觉
上的预测时，显然内部观点才是首选。有时，外部观点会被故意
和激烈地否定。例如，当一位母亲要求她的女儿去与她贫困的未
婚夫签署婚前协议时，她采用的是她的外部评估。当女儿拒绝
时，说明女儿使用的是她的内部评估。

总结

1. 我们都存在过度自信：我们认为我们比实际上知道得更
   多，我们评估的信息太少，问不正确的问题，也没有批
   判性思维。

2. 我们相信我们比别人更好，也比别人更正确。这就是为
   什么我们会陷入那些本可以避免的法律争端甚至战争。

3. "这是不会发生在我身上的。"我们认为，适用于所有人
   的东西并不适用于我们：我们是技术更好的司机；我们
   不会在股市上输掉钱。

4. 过度自信，给自己比别人更高的评价，以及相信某事不
   会发生在我们身上，往往会导致我们过于乐观。

5. 在某些情况下，悲观和犹豫好过完全自信。相反，在另
   一些情况下，保持乐观和自信比犹豫不决要好。举个例
   子，在开始做决策的那一步之前最好保持悲观和犹豫，
   一旦做出决定之后就要保持积极乐观。

6. 我们通常是从内部、个人和主观的角度看问题，而不是

从外部和统计的角度。使用统计数据而不仅仅是基于个人判断，来评估概率是很重要的。我们有一定程度的傲慢（通常是愚蠢），认为我们与其他人完全不同。

7. 自我美化的现象不仅与推测和预测有关，它即使在事后也存在——我们倾向于把成功归因于自己，而把失败的责任强加给他人。

8. 我们经常抱有自私的偏见，这意味着我们认为我们所支持的球队比其他球队有更高的概率赢得比赛，而对方球队的球迷也有着同样的想法。

第 11 章　早还是晚

哪首歌更有可能在欧洲歌唱大赛（Eurovision tournament）中赢得第一名——第一首歌、中间的歌，还是最后一首？

哪种情况对被告更有利——检察官首先发言并提出指控，或者辩护律师首先发言并解释被告为什么不可能实施犯罪？

我们对第一印象的重要性已经足够了解。据说，人们在遇见一个新朋友的前三秒钟就已经做出了与其有关的决定。而情商领域的研究表明，这一过程只需要几毫秒。

1946 年对第一印象进行的早期研究显示，被描述为"聪明、道德、冲动、挑剔、固执和嫉妒"的求职者，被认为优于"嫉妒、固执、挑剔、冲动、道德和聪明"的求职者。

接着，在 1992 年俄亥俄州选举后所进行的一项研究中，研究人员发现，选民寻找理由投票给某个候选人时——一个基于偏爱的决定——他们倾向于投票给名单上名字排在前面的候选人。但是选民寻找理由不投票给某个候选人时——一个基于排除的决定——他们倾向于投给排在名单末尾的候选人。

实质上，这里提出的两种主张，它们既相互矛盾又相互补充：根据**首因效应**（primary effect），率先呈现的信息比之后呈现的信息更有分量。而根据**近因效应**（recency effect），最后呈现的信息比之前呈现的信息更有分量。

在某些需要长期讨论的场合，比如持续几个月的法律听证会，最早与最晚呈现的信息之间的时间段越长，**首因效应**就越弱，**近因效应**就越强。如图 10 所示。

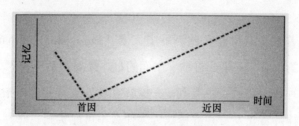

图 10　首因和近因对记忆的影响

在篮球领域中，一个最常见的**近因效应**的例子是：教练更容易受发生在比赛中最近几分钟的事件（投篮）的影响，而比赛初期或整个赛季发生的事件对其影响较小。

来自以色列理工学院（Israel Institute of Technology）的伊多·埃雷夫（Ido Erev）和他的同事们进行了多项研究，这些研究涉及基于某领域的经验做出决策，而不是基于普遍的统计数据。他们发现，当涉及基于经验的重复性决策时，人们通常依赖于一个太小的样本来做决策，尤其是依赖于最近接收的信息。这种现象在第 1 章中已经解释过，当时提到了篮球中的"小数定律"和"热手谬误"。

医生对特定治疗方法的意见将更多地受到病人的近期治疗效果的影响，而不是早期效果。类似地，股票交易所的投资者们会夸大某只股票在最近一段时间的行情所占的权重，而忽略它一年前的行情。

在伊多·埃雷夫和格雷格·巴隆（Greg Barron）的一篇文章中，他们提出了一个关于近因效应以及小样本应用的例子：一些汽车制造商会向消费者提供安装可拆卸式收音机的选择。如果车主离开车的时候拆卸了收音机，那么收音机被偷走的概率将会降低。相当多的人选择购买可拆卸式收音机，并且乐此不疲地在一两周的时间里将其拆下和取出。最后，他们厌倦了一直拆卸收音机，而就在那时，收音机被偷走了。怎么回事呢？

汽车经销商设法恐吓买家，解释说有汽车收音机被盗，买家们被说服并购买了一台可拆卸式收音机。几天后，这种恐惧消退了，而汽车没有被弄坏的事实增加了买家的安全感，并给人一种印象，即收音机被偷的概率比官方统计数据预测的要低。

相似地，住在遭受袭击威胁地区的人们，比如加沙走廊（Gaza Strip）边界城市的居民，认为自己被害的概率，低于这个地区之外的人认为自己被害的概率，比如特拉维夫（Tel Aviv）。这又是为什么？

这是因为边界城市的居民们，即使他们遭受的伤害在脑海里依然清晰，他们每天都在根据他们所在城市最近发生的事情来估计袭击发生的可能性。特拉维夫的居民更容易受到媒体对袭击事件过分强调的影响，因此他们比在袭击威胁下的居民更害怕。

卡尼曼发现，人们在经历事件时只会记住事件处于高峰（无论是正向的还是负向的）时与结束时的感觉，而中间过程的感受对其好与不好的体验几乎没有影响。他将其称为**峰终定律**（the peak-end rule）。

这一规则已经通过许多不同的方法被验证了，比如疼痛测试，将手插入极冷的水中一分钟，水最后会被加热，或者听特别大声的音乐，到最后音量会降低。还有一些患者接受了结肠镜检查（colonoscopy），在检查中，一根装有摄像机的细管被插入体内，以定位恶性肠息肉（malignant intestinal polyps）。那些长时间放置导管并逐渐取出的患者报告说，他们的体验比那些一次性取出导管的患者要好。在牙科治疗之后，我们大多只记得最痛苦的时刻（注射）和治疗结束时的疼痛或部分麻醉。

相反，当囚犯即将刑满释放时，他的情绪会开始好转：在服刑末期，囚犯会在闲暇时间更多地外出，参加更多的改造活动。也是由于峰终定律，囚犯对监禁的痛苦记忆可能会减弱，但其威慑作用也会减弱。

总结

1. 如果我们想在与他人的对话中突出某些信息，我们应该确保这些信息在对话的开头或结尾被提及。无论如何，不要让这些信息在对话的中间过程丢失。

2. 当选择一个东西，如一辆新车、候选人或配偶时，我们要小心，不要因为一个具体的印象而做出选择，因为更容易被记住的往往是缺点。

3. 当第一次与某人见面时，我们应该记住：如果我们迟到的话，我们将很难抹去这件事在他人脑海中所留下的坏印象。他们也许不会有耐心听我们解释我们为何迟到。

4. 对于一个假期，我们的记忆会被其最享受、快乐的时刻以及结束时我们的感受所影响。因此，我们最好是进行相对较短的旅行，并在返程时选择商务舱和豪华轿车结束这次体验（而不是选择枯燥无味的长途旅行，这可以避免我们过度消费，以及路途中的痛苦）。

第12章 我宁愿不知道

如果有一个电话号码，你打通它并说出身份证号后就可以得知你的死亡日期，你会打这个号码吗？我不会。我宁愿不知道。那样的话，我还可以幻想我仍有很长时间的寿命。这种现象被称为**模糊偏好**（ambiguity preference）。

行刑队（执行死刑的射击队）中有不止一个枪手，他们其中的一些人在执行任务时是空射。枪手们知道他们中一部分人射出的是空包弹，但并不知道具体是谁。这是为什么？因为如果只有一个实弹枪手，他很清楚是自己杀死了死刑犯。而当有多个枪手，并且其中一些人装备的是空包弹时，他们中的每个人都可能相信并不是自己杀死了犯人。

相比清楚的事实，我们是否总是更青睐模糊的事实？并不是如此。当谈到积极的结果时，我们大多数人都更倾向于一个清晰明了的概率，而不是模棱两可的估测。

丹尼尔·埃尔斯伯格（Daniel Ellsberg）率先在该领域做出了相关研究。他向实验被试提出了下列问题：

> 一个罐子里有 90 个小球。有 30 个是红色的，剩下的是黑色或者绿色的。你必须先选一种颜色，黑色或者红色，并从罐子中取出一个小球。如果小球的颜色与你选择的颜色相

一致，你就可以赢得 1000 美元。你会选择哪个颜色？

选择红色的人（A）很清楚，他们赢的概率是 1/3，而选择黑色的人（B）并不知道他们赢的概率是多少，只知道是 0 到 2/3 之间的一个数字，也许和 A 一样，是 1/3。

表 12 埃尔斯伯格的悖论以及模糊厌恶（ambiguity aversion）

颜色	数量	奖励A	奖励B
红	30	1000	0
黑	X	0	1000
绿	60-X	0	0

颜色	数量	奖励C	奖励D
红	30	0	1000
黑	X	1000	0
绿	60-X	1000	1000

较多的人（72%）选择了 A，意味着他们更倾向于已知的红球概率（1/3），而不是未知的黑球概率（0~2/3）。

在研究的第二阶段，埃尔斯伯格改变了问题：同样也是取出一个小球，但这次你的选择是：取出黑色或者绿色的小球获胜（C）或者取出红色或者绿色的小球获胜（D）。

选择 C 的人很清楚，他们获胜的概率是 2/3，而选择 D 的人获胜的概率介于 1/3 到 1 之间，或者和 C 一样，是 2/3.

多数人（74%）选择了 C，意味着他们更倾向于已知的黑球加绿球的概率，而不是未知的 D 选择。在这两种情况中，相比模糊的概率，大多数人更愿意选择已知的概率。

选择 A 或 C 是非理性的（按照旧的理性规则）。选择 A 而不是 B 的人认为红球比黑球多，选择 C 而不是 D 的人认为黑球比红球多。

选择 A 又选了 C 的人认为红球比黑球多，同时黑球也比红球多。这种行为通常被定义为非理性行为，但它实际上是**模糊厌恶**的一个例子，这意味着当涉及积极的结果时，人们更倾向于明确的概率而不是模糊的概率，在这个例子中，结果是积极的，即赢得奖励。

来自以色列特拉维夫大学（Tel Aviv University）的约阿夫·甘扎赫（Yoav Ganzach）检验了一个类似的现象。他发现以色列的投资者更喜欢投资于知名的证券交易所，如特拉维夫或者纽约的交易所，而不喜欢投资于利润丰厚但是距离遥远的其他国家的交易所，如中国或者印度的交易所。这种现象被称为**曝光效应**（mere exposure effect）。

但当涉及消极结果时会发生什么？来自耶路撒冷希伯来大学的伊兰·亚尼夫、黛比·贝纳多和米哈尔·萨吉（Ilan Yaniv, Debbie Benador, and Michal Sagi）向学生们提出了下列问题：

有一项简单的测试可以揭示一个人是否携带导致亨廷顿舞蹈症（Huntington's disease）的基因，这种严重的疾病只有在 35～50 岁时才会被发现，是一种会导致死亡的不治之症。

1. 你是否想要接受测试？

2. 你是否想要你的伴侣接受测试?

3. 你是否想要你未来的伴侣接受测试?

48%的被试不想参与测试,45%的被试想要他们的伴侣接受测试,65%的被试想要他们未来的伴侣接受测试。结果表明:当可能遇到一个难以处理的问题时,许多人宁愿事前对其不进行了解。相反地,如果这个问题对他们并不棘手,比如涉及一个尚不存在的未来伴侣,许多被试更倾向于已知而不是未知。

我与我的好朋友,来自鲁平学术中心的同事列玛·戴维多维奇博士(Dr. Liema Davidovich)共同进行了一项研究,我们向许多学生提出了四个问题。有些问题是积极的(涉及奖励、假期等),有些问题是消极的(涉及罚款、疾病等)。

这里有两份问卷。请回答其中的积极问题与消极问题,然后将你的答案与问题 4 之后的研究结果进行比较。1 分表示完全的模糊厌恶,7 分表示完全的模糊偏好。

1a)一名游客在韩国旅行时被罚款 1000 万韩元(约 6000 欧元)。游客必须在一年内支付罚款,但必须在今天决定用哪种货币支付罚款——韩元还是欧元。你会选择哪一个?

7	4	1
很大可能选择韩元	没有偏好	很大可能选择欧元

1b)一位科学家获得了韩国政府颁发的 1000 万韩元(约 6000 欧元)的奖金。该奖项将在一年后颁发,但这位科学家必须在今天决定奖金的货币形式——韩元还是欧元。你会选择哪一个?

7	4	1
很大可能选择韩元	没有偏好	很大可能选择欧元

2a）两个人去非洲旅行。而他们的家人收到了令人震惊的消息，称这两名游客已被送往当地医院。一个感染了 A 型脑膜炎，死亡率为 30%，另一个感染了 B 型脑膜炎，死亡率为 10%～50%。他们无法联系到游客。你认为哪个家庭的情况比较好？

7	4	1
B型患者的家庭	没有偏好	A型患者的家庭

2b）两个人去非洲旅行。而他们的家人收到了令人震惊的消息，称这两名游客已被送往当地医院。一个感染了 A 型脑膜炎，治愈率为 70%；另一个感染了 B 型脑膜炎，治愈率为 50%～90%。他们无法联系到游客。你认为哪个家庭的情况比较好？

7	4	1
B型患者的家庭	没有偏好	A型患者的家庭

3a）在巴布亚新几内亚（Papua New Guinea），食人族部落抓住了一个以色列游客和一个意大利游客。这个部落以杀死 50% 的外国人而闻名。选择杀死一个人的方式是抛硬币或由当地的巫医吹羽毛。如果用吹羽毛的方法，平均的死亡概率也为 50%。如果你是以色列游客，对你和意大利游客，你会选择哪种方式？

7	4	1
很大可能选择吹羽毛	没有偏好	很大可能选择抛硬币

3b）在巴布亚新几内亚，食人族部落抓住了一个以色列游客和一个意大利游客。这个部落以杀死 50% 的外国人而闻名。选择释放一个人的方式是抛硬币或由当地的巫医吹羽毛。如果用吹羽毛的方法，被释放的平均概率也为 50%。如果你是以色列游客，对你和意大利游客，你希望他们选择哪种方式决定释放？

7	4	1
很大可能选择吹羽毛	没有偏好	很大可能选择抛硬币

4a）在预备役艰苦服役一个月后，必须从 90 名预备役士兵中做出选择，哪些人将继续留驻一周，哪些人可以回家。方法是从罐子里取出一个球，罐子里有红色、黑色和黄色的球。一共有 90 个球，其中 30 个是红色的，其余的是黑色或黄色的。作为一名预备役军人，你可以选择取出一个红球或一个黄球来决定你是否再待一周。你想选哪种颜色？

7	4	1
很大可能选择黄色	没有偏好	很大可能选择红色

4b）在 90 名学生中，将有 30 人被选为免费欧洲一周旅游的优胜者。方法是从罐子里取出一个球。罐子里有红色、黑色和黄色的球。一共有 90 个球，其中 30 个是红色的，其余的是黑色或黄色的。你可以选择取出一个红球或一个黄球来赢得奖项。你会选择哪种颜色？

7	4	1
很大可能选择黄色	没有偏好	很大可能选择红色

下列是该研究的结果：

问题 1a 的平均答案是 4.28。

问题 1b 的平均答案是 2.49（显著差异）。

问题 2a 的平均答案是 4.52。

问题 2b 的平均答案是 3.74（显著差异）。

问题 3a 的平均答案是 4.34。

问题 3b 的平均答案是 4.02（略有差异）。

问题 4a 的平均答案是 3.86。

问题 4b 的平均答案是 3.04（显著差异）。

研究结果表明：当涉及消极结果时，大多数人更喜欢模糊的结果；而当涉及积极结果时，大多数人更喜欢一个清晰明了的事实。在我看来，这种现象的原因是模糊可以作为失败的借口。当涉及消极的领域，即损失或者麻烦时，我们很清楚，结果是消极的，所以如果决策过程是模糊的，我们可以将问题归咎于我们并不知道发生了什么。

总结

1. 当涉及赢得奖金、度假或从疾病中康复等积极的结果时，大多数人希望更清楚地知道概率，而不是模棱两可，这意味着他们更喜欢做出有着清晰概率的选择。

2. 当涉及消极的结果，如经济损失、惩罚或遭受疾病时，大多数人偏好模糊的概率，更喜欢模棱两可，也就是说，他们会做出有模糊概率的选择。

3. 一些女性不愿接受乳腺癌检测，一些男性不愿接受前列腺癌检测，即使疾病在早期发现可以增加治愈率。这种模糊偏好的现象可能有着致命的结果。

4. 准确的信息不会增加负面事件发生的概率。相反，由于迷信或是相信"所谓命运"而忽视信息，可能会增加消极事件发生的概率。此外，如果准确的信息毫无用处——如死亡日期——最好不要理会它。

5. 有时，回避信息的原因源于这样一个事实：即新信息可能引起巨大的变化，需要做出重要的决定，而那些认为自己没有能力处理这些决定的人更倾向于回避这些新信息。

第 13 章　确定性是一切希望的终结

在类似《好声音》（The Voice）或是《幸存者》（Survivor）这样的真人秀中，当某人成功闯关并进入下一阶段的比赛时，我们总会感到愉悦。这种愉悦的感觉在不同的阶段是一样的吗？知道自己是五名决赛选手之一的人和三名决赛选手之一的人感觉有很大不同吗？第一种情况下，赢得比赛的客观概率是 1/5，即 20%；而第二种情况下，获胜的概率为 1/3，即 33%。参赛选手是否感觉有所不同？

每一位啤酒爱好者对于 1/3 升和半升玻璃杯的区别了如指掌，而这种感觉是否存在于概率的领域？与概率有关的情感表达是希望和恐惧。希望象征着某件好事的发生，而恐惧象征着某件坏事的发生。但结果是：这两种情感的运作方式十分独特。它们并不是呈线性或者比例关系，而是呈一种复杂的曲线。在图 11 中，直线代表着理性的行为。依据这条线，我们可以得到 20% 的概率即双倍的 10% 的概率，因此，100% 的概率即双倍的 50% 的概率。数学中的直线以均匀速度延伸。从概率直线来看，这条直线意味着任何 1% 的概率变化的权重相等。32% 到 33% 与 99% 到 100%，它们 1% 的改变权重相等。

但事实并非如此。有些 1% 的变化比其他 1% 的变化具有更大的意义。而主观概率分布曲线便反映了这一事实。我们可以看到，从 0 到 1%的变化十分显著。从 0 到 1%的客观变化在主观上被认为是大约 10%的变化。这种现象被称为**可能性效应**（possibility effect）。从"否定"到"也许"的变化（即使"也许"的概率仅为 1%）是巨大的。

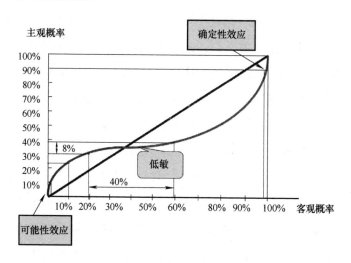

图 11 主观概率分布

几年前，我染上了一种奇怪的皮肤病，医生并不知道发病的缘由是什么。在所有的检查结果都显示正常之后，医生给我做了一个特殊的检查，以此检查我的症状是否是癌症的结果。医生安慰我说，我的红皮肤症状患癌症的概率只有 1%，但她还是想确定一下。

我记得去另一家医院就诊的那次。我想到了我的生活，想到了谁将继承我微薄的财产。我在去医院的中途遭遇车祸丧生的概率与我患癌症的概率相等。小小的 1%的概率让我极度焦虑。

与**可能性效应**相对应的现象是**确定性效应**（certainty effect）。在这里，从 99%到 100%的转变被给予了很大的权重。确定性是一切希望的终结。虽然 99%和 100%之间的客观差异只有 1%，但主观差异几乎是 10%。

一名失踪士兵的下落几十年都无从知晓，他的家人知道，他有 99%的可能性已经不在人世。但在这个家庭的心中，剩下的 1%代表着巨大的希望。如果他的尸体被找到并带回埋葬，他的家人会感到沉重和痛苦，尽管这名士兵被俘已经是几十年前的事了。

我曾见过已故的乌迪·戈德瓦瑟（Udi Goldwasser）的母亲米奇·戈德瓦瑟（Mickey Goldwasser），乌迪是一名预备役士兵，在一次袭击中被绑架并杀害。我们是在我任教的鲁平学术中心的一个研讨会上认识的。戈德瓦瑟夫人被问及在之前不确定的时期，她是否相信乌迪还活着。她的回答令我心碎。她告诉我她在电视上看到了"囚犯交换"仪式，她说："我确信我将在几分钟内拥抱我的儿子，直到我看到棺材被从车辆上移出来。"

但确定性不仅是希望的终结，也是恐惧的终结。我有 99%的把握我没有患癌症，但当检查结果出来，并最终确定我没有患癌症时——我感到非常解脱。

确定性效应在经济和医疗领域会产生许多潜在影响，在政治领域也是如此。例如，和平条约的反对者会正当地声称，不确定敌人是否会遵守该协议，因此他们会继续斗争——而这斗争是不正当的——这反而成了无法签署该条约的理由。

如果敌人遵守协议的可能性有 90%、80%、50%或 10%，那么签署和平条约真的不值得吗？**一个将确定性作为每件事的条件的人最终什么也做不了。**分析必须依据客观的概率和结果，而不是根据绝对确定性（100%）和非常高的概率（99%）之间的过高的权重来进行。

获得诺贝尔奖的法国经济学家莫里斯·阿莱（Maurice Allais）曾提出下列问题：

假设 A 瓶中有 100 个红球，B 瓶中有 89 个红球、10 个蓝球和 1 个白球。你用手取出一个球，如果是红球，你将获得 100 万美元；如果是蓝球，你将获得 500 万美元；如果是白球，你什么都不会得到。你会选择从哪个瓶子中取出球——A 瓶还是 B 瓶？如图 12 所示。

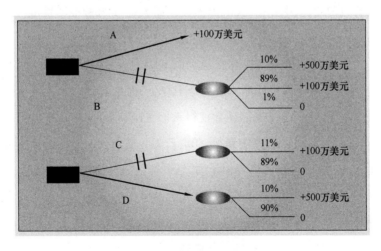

图 12 阿莱悖论

大多数人倾向于从 A 瓶中取出球，而不是 B 瓶。他们希望能 100%得到那 100 万美元，而不是选择 B：10%的概率赢得 500 万美元，89%的概率赢得 100 万美元以及 1%的概率什么都得不到。莫里斯·阿莱接着提出了下列问题：

> C 瓶中有 11 个红球和 89 个白球，D 瓶中有 10 个蓝球和 90 个白球。取出一个球，如果是红球，你会赢得 100 万美元；如果是蓝球，你会赢得 500 万美元；如果是白球，你什么也不会得到。你会选择从哪个瓶子里面取出一个球——C 瓶还是 D 瓶？

许多人倾向于从 D 瓶中取出小球，而不是 C 瓶。他们更愿意有 10%的概率赢得 500 万美元，而不是 11%的概率赢得 100 万美元。

如果是这样的话，那么这个悖论是什么呢？在第一个问题中，从 A 瓶中取出红球的概率是 100%，而从 B 瓶中取出红球的概率是 89%，这 11%的差异使得人们更倾向于从 A 瓶中取出小球，而放弃了从 B 瓶中赢得 500 万美元的机会。但是这与在 C 瓶和 D 瓶中进行的选择相矛盾。因此，人们同时倾向于选择 A 瓶和 C 瓶才是合理的。之所以人们没有做出这样"合理"的选择是因为 10%到 11%的变化并没有 99%到 100%的变化那么瞩目。确定性效应在此得到充分体现。

以色列研究人员的一项研究对确定性效应提出了一些质疑。

这项研究发表在权威杂志《自然》(*Nature*)上，它将蜜蜂的决策与人类的决策进行对比。与确定性效应相反（例如，确定性效应表明：相比有 80%的可能获得 4000 美元，大多数人更倾向于 100%获得 3000 美元），研究人员声称，在自然界和人类生活中，问题并不伴随着清晰的数据一同出现，因此，对概率的估计也比较模糊。例如，蜜蜂更青睐高浓度的糖源，尽管只有 80%的时间它们会找到这样的糖源，另外 20%的时间只能获得蒸馏水；而不是一直选择中浓度的糖源。研究发现，许多生物，包括多数人，并不一定会更喜欢确定的选择。他们模糊了成功和失败的概念，并根据记忆和经验做出了其他的选择，无论成不成功，这都产生了积极的结果。

让我们回到主观概率曲线（图 11）。在图表的中间，介于 20%到 60%，曲线缓慢上升。我们看到在中间范围内的概率变化明显不激烈。三个潜在获奖者和五个潜在获奖者区别不大。在 20%到 60%之间的 40%的客观变化被主观上认为只有 8%的变化。

罗腾施赖希（Rottenstreich）和希（Hsee）发表了一项关于情绪对主观概率曲线形状影响的有趣研究。研究者向被试提出两个问题，他们愿意花多少钱来避免 1%的机会损失 20 美元，以及他们愿意花多少钱来避免 1%的机会遭受电击（很疼，但是不致命）。回答是：花 1 美元以避免损失钱，花 7 美元以避免电击。

研究者重复了问题，但将概率分别改为 99%和 100%。平均后的答案如表 13 所示。

表13　为了避免有概率失去20美元或遭受电击，人们愿意付多少钱

概率	失去20美元	电击
1%	1美元	7美元
99%	18美元	10美元
100%	20美元	20美元

乍一看，这项研究的结果似乎非常令人惊讶。人们愿意支付7美元来避免1%的触电概率，如果触电概率是99%，人们就只愿意支付10美元？为避免99%的概率遭受痛苦的电击，人们愿意花的钱要少于为避免99%的概率损失20美元所花的钱。虽然乍一看，这一实验的结果似乎不可信，但研究人员的解释很有趣——被试对金钱问题的回答或多或少是根据概率。相比之下，他们对电击问题的回答与主观概率曲线相符，甚至还夸大了。

根据**可能性效应**，1%的概率真的吓坏了被试，因此他们愿意付出高昂的代价来将其避免。而从1%到99%的转变对概率的感知却几乎没有影响，这意味着人们不敏感的领域极大地扩展了。最后，依据**确定性效应**，从99%到100%的转变是巨大的，导致人们愿意支付的金额增加了一倍。当涉及情感上的结果，如恐惧、爱、恨、嫉妒等时，人们对概率的变化明显不敏感。当我们对自己可能赢得某事或遭受某事感到激动时，我们就停止了概率性思考，事件发生概率的变化就失去了意义。

她爱我吗？这样的问题不能被35%、40%、25%这样的概率回答。这个问题的答案为是或否。爱没有百分比。当涉及情感时，我们倾向于以一种"全或无"的方式来思考和感受。为了说

明一个出于愤怒和兴奋而做出的决定，请你在我的《杀人决定》
（*Decision to Kill*）一书中阅读丹·勒纳（Dan Lerner）的谋杀故
事的结局。

总结

1. 当我们非常兴奋的时候，最好不要做决定，或者咨询一
   些更冷静的人。

2. 当我们兴奋时，我们会停止逻辑思考。我们忽略了可能
   性，问题变成了"全或无"或"是或不是"，而不再是
   "有可能是这样，也有可能不会"的问题。

3. 我们对从 99% 的机会到 100% 的机会的转变过于看重。
   100% 的确定性和完整性给了我们一种绝对确定的感觉。在
   100% 之前的 1% 被认为是不确定的，我们扭曲了它的大小
   和意义。同样地，我们过于重视从 0% 的概率过渡到 1%。

4. 确定性是一件好事，但在做决定时并不必要。当涉及大
   多数重要的人生决定时，如果不冒险，就很难前进和成
   功（这不是赌博！）。

第三部分

面对风险

第 14 章 右脚在冰水里，左脚在沸水里——能刚好感受到温暖吗

我们知道保险公司很能赚钱。为什么我们要付给他们那么高的保险费呢？他们是拿什么来换我们的钱，他们拥有什么我们没有的呢？

答案就是保险公司是按平均值运作的，而我们不能。我们每个人都是一个独立个案，假如我们的车被偷了，不能说按照平均值我们这个城市几乎没有车被盗。对于个人的损失，不能谈平均值。

由于保险公司投保了很多辆车，而且了解全国不同地区的车辆被盗的统计数据，他们可以非常准确地算出今年会有多少辆车被盗，并据此来收取保险费进而弥补损失。同时，公司也会赚到大量的利润。

举个例子，假设有 100 个人为他们价值 2 万美元的汽车投保，而且多年以来这个地区每年汽车被盗的概率为 3%，也就是说大约每年有 3 辆车被盗（我们忽略交通事故造成的损失，只关注被盗的车辆）。保险公司会向 100 名车主每人收取约 1000 美元的保险费（共 10 万美元），然后向 3 名汽车被盗的车主每人支付 2 万美元（共 6 万美元），这样保险公司仍会有 4 万美元的利润。

即使我们只付了车辆价值 5%的保险费，保险公司付出了所有车辆 3%的赔偿费，看上去只有 2%的差额，但对我们个体来说却天差地别。我们为了让自己有确定感必须付出高昂的代价。

这种平均值的计算，或者统计学家称之为**期望价值**的概念，在没有风险或者风险很低的时候是正确的。例如，如果一部手机值 500 美元，每年的保险费是 200 美元，那它绝对不值得投保，因为手机这种产品几乎没有风险。丢失手机你最多会损失 500 美元，虽然你会有点心疼但其并不可怕。那么，在哪些情况下没有风险，或者风险可以忽略不计呢？有以下三种情况是没有或几乎没有风险的。

1. 当完全确定时

如果我租了一套公寓，租金以美元为单位，而我出租的公寓的租金也是以美元为单位，同等条件下，我不需要为美元汇率的变化而投保。因为如果美元升值，那我两边的租金都会上涨，没有不确定性。

如果有人向国外出口产品并以美元记账，但在居住的地方却用另一种货币消费，那他们应该为自己购买汇率变化和外贸风险的相关保险，来确保自己的收入不会因汇率变化而造成损失。

2. 当涉及的金额相对较少时

拿上文提到的手机这个例子来说，由于丢失手机造成的损失并不是太大，而保险的价格则相对较高。在这种情况下，我们可能会因失去手机而损失一些钱，但这一微小的损失不会对我们的生活造成重大的影响。

几年前，我的妻子收到一份为我们的冰箱提供三年保险的报价，价格为 240 美元。她问我："你觉得怎么样，我们应该买这个保险吗？"（在少于 500 美元的情况下，我的妻子通常会和我商量。超过这个数，她自己做决定。）

我问她："这样一个冰箱值多少钱？"答案是 1000 美元。为一台冰箱投保约为其价值 8% 的保费值得吗（每年 80 美元，共 240 美元）？如果我们在冰箱里储存稀有药物，一旦损坏就需要立即修理，我们可能需要保险。但我家的冰箱里通常只会放一些鸡肉，那么我们还有必要买什么保险吗？如果冰箱坏了，我们找人修就行了。同样的道理也适用于电视、洗衣机、洗碗机等家用电器。

3. 当资产数量庞大或有多重保障时

以色列一家主要的公共汽车公司 Egged 就没有为自己的汽车投保。这家公司有大约 3000 辆公交车，尽管每辆车的成本约为 20 万美元——或许也正因为如此——他们通过自己承担风险节省了大笔资金。如果汽车损坏了，公司就自己出钱找人修。

Egged 是一家非常强大的公司，它完全有能力充当自己的保险公司，也就是说自己承担公司的风险，而不是花钱请别人来承担风险。

如果另一家公司只有一辆公交车，那它承担不起没有保险的风险。否则一旦发生事故，就一无所有了。

但是公司拥有的车辆数量与是否为它们投保之间不一定有必然的联系。例如，微软公司也不需要为它的车辆投保，但这是因为微软是一家足够大的公司，公司自身可以为车辆的损耗买单，从而节省保险费用。当然，同样的道理，中国人寿公司也不用为自己的车辆投保。

只有当可能发生的损害大到以至于有可能危及被保险人的财务状况时，我们才应该购买保险。以搬家公司为例。一家拥有30~50 辆汽车的搬家公司不需要为它们的汽车投保。因为每辆车仅占公司价值的 2%~3%，即使一辆车完全报废，公司也能像什么都没发生一样继续运营。

假设你被邀请参加这样的赌博游戏：掷硬币，如果硬币背面朝上，你会赢 1200 美元，如果正面朝上，你会输 1000 美元（见图 13）。你会玩吗？

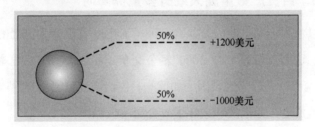

图 13　赌博游戏

我觉得包括我在内的大多数人可能都不会玩。

那如果你可以抛 50 次硬币呢？

即使在只掷一次硬币的情况下这个赌博仍然可能获益，但是也有失去 1000 美元的风险，这多少有点令人不安和不愉快。然而，当我们可以抛 50 次硬币时，那平均值这时候或多或少地会"起作用"，因为那样我们有机会总共获得平均 5000 美元的收益。

再来假设，你有一张编号为 9415867 的彩票。当你在报纸上看到，编号为 9415867 或 9415367 的彩票可能赢得了 100 万美元的奖金。但倒数第三位数字很模糊，很难分辨它是 8 还是 3。看起来机会似乎是均等的（见图 14）。

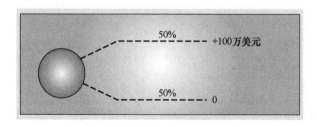

图 14　另一个赌博游戏

如果数字是 8，你就会赢得 100 万美元，如果数字是 3，你就什么都没有。

您愿意出售这张彩票的最低金额是多少？

你会同意以低于 50 万美元、50 万美元或更高的价格出售吗？

事实上，包括我自己在内的我认识的大多数人，都愿意以低于 50 万美元的价格出售这张彩票。如果有人给我 40 万美元现金，我都会接受。我甚至也会接受 30 万美元，甚至 10 万美元的报价。因为我担心如果我拒绝了 10 万美元的报价，但最后却没有从这张彩票中获利，那我会非常后悔。

类似的问题会将人大概分成三类：一类是厌恶风险的人——这类人宁愿接受比预期还低的收益，也不会去冒险（在上面的例子中就是售价低于 50 万美元）。还有一类是对风险保持中立的人——这类人会放弃赔率，来获得一个确切金额的预期收益。最后一类是偏好风险的人——这类人也被称为"赌徒"，因为他们会期望在一笔不确定的交易中赚到比预期更多的钱。

顺便说一下，当我拿上面的那个价值 100 万美元的问题来问美国的那些非常成功的高管时，他们的答案平均是在 40 万美元到 45 万美元之间，这个答案会让那些不熟悉商界的人感到惊讶。他们表现出了较低水平的风险厌恶，也一点没有赌博的意思。

无论在商业上还是在生活中，冒险都是成功的必要条件。但冒险与赌博是不一样的。冒险是一种倾向于高利润的不确定决策而不是追求低利润的确定决策的行为。赌博往往是一种违背概率的决策，而冒险通常是依据概率做出的决策。

一个人不断成功可能是因为没有经历足够的风险。如果有人骑了 10 年的马，从来没有掉下来过，那他可能骑的是一匹木制的小马。

冒险是生活不可分割的一部分。在无忧无虑的生活中，它是成长的动力；在危急时刻，它也是唯一的出路。当没有什么可以失去的时候，人和动物的行为都会不同于往常，倾向于冒更多的风险。一项针对鸟类的研究考察了鸟的风险偏好：一只鸟会更喜欢百分之百能提供 3 粒谷物的食物源，还是会更喜欢可能提供 6 粒谷物也有可能 1 粒谷物也得不到的食物源。在这两种情况下，一只鸟平均会得到的谷物都是 3 粒。如图 15 所示。

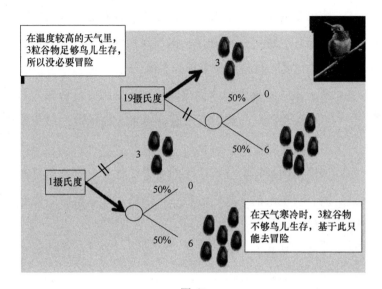

图 15

在实验中，当温度相对较高时，鸟偏好安全可靠的食物源（即稳定 3 粒），而当温度非常低时，鸟偏好不确定的食物源（即要么 6 粒，要么 0 粒）。这是因为当温度高的时候，3 粒谷物足够鸟生存，因此鸟做了最安全的选择。但在极端寒冷的天气里，这些鸟需要 6 粒谷物才能生存，所以它们别无选择，只能冒险"全力以赴"。选择确定的选项并不能满足它们的生存需求，然而选择不确定的选项却可以让它们有 50%的机会在冬季生存下来。

总结

1. 在做重复和持续很久的决策时，人们可能会冒更多的风险。从长远来看，这样将会获得更高的期望值。例如，这也是为什么一个人在决定选择哪种养老基金投资时，比在某一特定行业进行一次性投资要冒更大的风险——因为这是一件持续很多年的事情。

2. 至于那些结果不会太极端的决策——比如是否要为一部手机买保险——我们有可能会冒更大的风险，避免购买昂贵的保险。

3. 如果东西损坏会导致严重的后果，比如一家公司只有一辆公交车，需要靠它进行日常运营，那么就有必要对其投保。

4. 赌博在某些国家和地区是一种娱乐方式，但这绝对不是一个做决策的方法。

5. "生活需要很大的勇气。懦夫存在着，但他们不算活着，因为他们的整个生活都被恐惧支配着。过于注重保障和安全的人就像被囚禁在一个非常小的角落里，仿佛在一座自建的监狱里，他们是安全的但不算活着。他们需要走向未知。他们必须明白没有真正的家。而人生就是一场朝圣，我们可以在有些地方停车过夜，但我们一早又得赶路。我们要知道驱动人生的唯一动力就是冒险。你冒的风险越大，活得就越久。"

——奥修（Osho），《生命、爱与欢笑》（*Life, Love, Laughter*）

第15章　安全带如何导致酒驾

什么是风险？风险感知和是否承担风险的决策由 3 个部分组成：

1. 得到负面结果的概率。

2. 负面结果的严重程度。

3. 冒险行为的预期收益。

比如，骑摩托车的女性要比男性少，因为她们：

1）认为发生意外的概率比男性想象得要高？

2）认为发生意外受伤要比男性认为得严重？

3）享受不到男性骑摩托车的乐趣？

有些人会把女摩托车手较少的原因归结于害怕的结果——害怕发生事故或者害怕事故的严重后果。在我看来，其实女性不会害怕骑摩托车，但很少有女性会享受这个过程。一项新的研究表明，冒险是男性向女性展示自己男子气概的一种方式。例如，研究发现男性比女性更容易冒着很大的风险穿越拥挤的道路，尤其是有女性在场的时候。

据说每个人冒险的程度是恒定的，也就是说每个人都有适合自己的风险水平。如果一个人以一种方式降低了风险，那他就会以另一种方式增加风险。这种现象被称为**风险内稳态**（risk homeostasis）。

在加拿大，人们发现，强制在驾驶中使用安全带的法律提高了车子的最高时速和司机血液中的酒精含量。安全带给司机带来的安全感使他们放松警惕，从而增加了驾驶时的风险。尽管广泛开展的反对酒后驾车运动使与酒精有关的交通事故减少了 18%，但其他原因造成的交通事故却增加了 19%。

在德国慕尼黑对出租车司机进行的试验也得到了类似的结果。在他们的车里安装 ABS 刹车系统后，他们开车时的攻击性行为被放大了。另一项研究表明，当骑自行车的人戴上头盔时，与他们擦身而过的车辆会比他们不戴头盔时距离他们近 3.5 英寸。比起女性，司机开车会离男性骑车人更近。

同样地，智能药瓶盖的使用也降低了家长们的担心，从而不再把药放在架子的顶层上。这种特殊的盖子所带来的安全感使人们对孩子们的安全开始变得漠不关心。

类似的例子还有防晒霜和不含尼古丁的香烟。选择高防晒系数的防晒霜会让人们在阳光下待得时间更长，而不含尼古丁的香烟会比含尼古丁的香烟让吸烟的人吸更多烟。

制定规章制度的人应该把人类的类似行为考虑进去，而不是制定一些看起来是降低风险，但实际上是在增加风险的规章制度。

这方面的一个例子是有法律规定酒吧不得在午夜向年轻人开放。这项规定是为了减少孩子们在周末聚集的地方发生持刀斗殴事件。但是立法者认为这项法律颁布后孩子们将会做什么？回家听罗斯特罗波维奇（Rostropovich）的大提琴吗？持刀斗殴只会转移到另一个隐蔽的地方。

另一个例子就是美国的禁酒法律。在 1919 年通过的美国宪法第十八修正案在全国范围内禁止进行酒类的生产、运输和销售。但 1933 年宪法第二十一修正案废除了这项法律，这不是没有原因的。因为这项法令造成了犯罪的激增，这与它带来的少数好处相比（如果有的话）相形见绌。

总结

1. 当我们讨论是否要为某一特定问题冒险时，我们应该问问自己：我们失败的概率是多大？失败的后果有多严重？我们为什么要冒这个险？

2. 当我们以某种方式降低风险时，我们应该考虑一下这样会不会以另外一种方式间接增加风险。

第16章　祈祷时允许吸烟吗

一个人问拉比（犹太教的一种职位）："祈祷时可以抽烟吗？"得到了拉比坚决否定的回答。男人又问拉比："吸烟时可以祈祷吗？"拉比回答："孩子，在任何情况下祈祷都是允许的。"

拉比的回答取决于对方问问题的方式。从积极的角度提出时问题与从消极的角度提出问题得到的答案不一样。决策理论领域最著名的研究之一是卡尼曼与特沃斯基的"亚洲疾病"（Asian disease）问题。这项研究其实并没有涉及流行病本身，而是关于人们以积极和消极的态度对待这一问题的方式的。

想象一下，美国正在为一种不寻常的亚洲疾病的爆发做准备，这种疾病预计会导致 600 人死亡。目前对抗这种疾病有两种可选择的方案。假设对这些方案可能的结果进行科学准确的估计如下：

如果采用方案 A，将会有 200 人得救。（72%）

如果采用方案 B，有 1/3 的概率 600 人得救，2/3 的概率没有人得救。（28%）

你会支持哪个方案？

在最初的研究中，72%的受访者选择方案 A。研究的第二部分问了受访者同样的问题，但措辞不同：

想象一下，美国正在为一种不寻常的亚洲疾病的爆发做准备，这种疾病预计会导致 600 人死亡。目前对抗这种疾病有两种可选择的方案。假设对这些方案可能的结果进行科学准确的估计如下：

如果采用方案 C，会有 400 人死亡。（22%）

如果采用方案 D，会有 1/3 的概率没有人死亡，有 2/3 的概率 600 人全部死亡。（78%）

你会选哪个方案？

78%的受访者选择方案 D。

虽然在这两个问题中干瘪瘪的数据是相同的，但结果是完全相反的。在第一项研究中，数据以积极的方式呈现（拯救生命），被试明显倾向于选择确定的选项，而不是冒险。人们可能会想：如果我确定能拯救 200 人，我就不会拿人的生命去冒险。

第二项研究修改了措辞，数据以消极的方式呈现（死亡概率），人们明显偏好不确定性和具有冒险精神。人们可能会想：我不想杀死 400 个人，如果 600 人都死了，也不是因为我，这是上帝决定的。

以上的例子很好地诠释了"框架效应"（the framing effect），也就是说，数据的不同呈现方式可能导致非常不同的决策。这也是**反射效应**（reflection effect）的一个例子：这两个问题是彼此的镜像，第一个问题反过来就是第二个问题。然而，当数据被积极呈现时，比如在拯救生命、经济获益或得高分，我们更喜欢追求确定性并避免冒险。当数据被消极呈现时，例如谈到死亡、经济损失和失败时，我们喜欢追求不确定性而倾向于冒险。

这里还有两个**框架效应**的例子。美国的两名研究人员问了人们以下的问题。

一个拥有两辆车的家庭正在考虑更换其中的一辆：

1. 将一辆油耗为每加仑行驶 10 英里的吉普车换成一辆油耗为每加仑行驶 20 英里的吉普车。

2. 将一辆油耗为每加仑行驶 20 英里的小客车换成一辆油耗为每加仑行驶 50 英里的小客车。

为了节省汽油应该换哪辆车？

大多数人认为，最好是换掉小客车。然而，当问题以稍微不同的方式提出时，答案的错误之处就暴露出来了。

一个家庭拥有两辆车，每辆车每周行驶 100 英里，家庭成员正在考虑更换其中一辆：

1. 将一辆每行驶 100 英里消耗 10 加仑汽油的吉普车换成一辆每行驶 100 英里消耗 5 加仑汽油的吉普车。

2. 将一辆每行驶 100 英里消耗 5 加仑汽油的小客车换成一辆每行驶 100 英里消耗 2 加仑汽油的小客车。

为了节省汽油应该换哪辆车？

很明显，更换吉普车是更划算的选择。通过更换吉普车每周可节省 5 加仑的汽油，比更换小客车只节省 3 加仑的汽油要好。

许多年前，我的好朋友，已故的贾斯汀·帕斯韦尔教授（Justen Passwell）在以色列的特哈休莫医院（Tel Hashomer）担任儿科病房主任，他曾告诉我他遇到的一个困境。一个婴儿在医院出生时有严重的心脏缺陷，事情极其复杂。当时这名女婴可以在以色列进行手术，但当时医院在该领域缺乏足够的知识，医生估计在以色列进行手术成功的概率约为 20%。这种手术也可以在美国进行，但费用却接近 15 万美元，而这个家庭却没有足够的钱。但无论如何，手术在美国也不能保证绝对成功，只有 40%的成功率。

这家人准备抵押所有的财产移居美国，因为在美国手术成功的概率是在以色列的两倍。我建议医生将以色列和美国的手术数据都呈现给这家人，不仅要从积极的角度（成功的概率）呈现，也要从消极的角度（失败的概率）呈现；也就是说，在以色列手术失败的概率是 80%，而在美国是 60%。虽然在美国手术成功的概率是在以色列的两倍，但这并不意味着在以色列手术失败的概率是美国的两倍。此外，正如我在前一章展示的，从 10%到 20%的转变似乎比从 60%到 80%的转变更为显著。用一种积极的方式提出问题，意味着展示出了成功的机会，这最有可能导致决策者选择在美国进行手术，因为在那里手术成功的概率是以色列的两倍。然而，当用消极的方式提出这个问题时，人们会在某种程度上模糊以色列的失败概率（80%）和美国的失败概率（60%）之间的差异，而更多的注意力会被放在国外手术所涉及的沉重的金钱成本上。

总结

1. 在做出决定之前，有必要用不同的方式来表述问题，交替使用积极和消极的措辞，并检查措辞的变化是否会导致一个人对这个决定的感觉发生变化。

2. 要记住的是，当问题以积极的方式呈现，并且强调成功、利润和好的东西时，大多数人会更喜欢确定的选项，会无奈接受获益更少的选择，避免不确定性。

3. 但是当问题以消极的方式呈现，强调失败、损失和不好的事情时，大多数人更喜欢冒险的选项。

4. 为了获得一个安全的结果，我们倾向于避免冒险；反之，为了避免确定的损失，我们倾向于冒险。

第四部分

看似坚实的逻辑

第 17 章　确定性是必需的

"你们有今天挤的新鲜牛奶吗？"男人问咖啡厅里的服务员。

"当然有。"服务员回答道。

"如果是这样，那我就喝黑咖啡吧。"男人说。

根据确定事件原则（sure-thing principle），如果某个人在特定情况下更喜欢 A 而不是 B，并且在缺乏必要条件的情况下仍然更喜欢 A 而不是 B，那么无论条件是否满足，这个人都会选择 A 而不是 B。

如果一个人在天气预报说有雨的日子和天气预报说没有雨的日子里都会带一把伞出门，那这个人不会等新闻结束后再听他们宣布天气情况，而是直接带一把伞出门。

回到上面咖啡的例子，如果这个人已经决定要喝黑咖啡了，那么牛奶新鲜度的问题对这个人是无关紧要的。

确定事件原则是决策理论中最理性的思想之一。它似乎是合乎逻辑的，而且人们一直试图在证明它不是荒谬的。

埃尔德·沙菲尔（Eldar Shafir）和他的同事讨论了信息对决策的影响。下面有一些例子。

假设你是普林斯顿大学招生委员会的成员，你正在审阅一个申请人的档案，他是校足球队队员，有很好的推荐信，还是校报的编辑。他的 SAT 综合成绩为 1250 分，高中平均成绩为 B，你会接受他吗？

57%的受访者说他们会接受他。另一组人收到了一个类似的问题，但附加了一点其他信息：

假设你是普林斯顿大学招生委员会的成员，你正在审阅一个申请人的档案，他是校足球队队员，有很好的推荐信，还是校报的编辑。他的 SAT 综合成绩为 1250 分，但是关于申请人的高中平均成绩你有两份相矛盾的报告。辅导员反馈他的平均成绩是 B，而学校办公室反馈的是 A。学校已经通知你，他们正在检查相关记录，几天内就会通知你哪个成绩是准确的。

1. 你会接受这个学生的申请吗？还是等到申请人的学校澄清了相关成绩再做决定？

2. 如果你经过等待，最终确认这个学生的成绩是 B，你会接受这个学生的申请吗？

在第二种情况下有 46%的受访者表示他们会接受他的申请。虽然在第二种情况下该学生的平均成绩（A 或 B）要比在第一种情况下（平均成绩为 B）好，但第二种情况下支持录取该学生的比例下降了。

在另一项给我留下更深印象的研究中，医院护士被问及以下问题：

想象一下，你 68 岁的亲戚需要进行肾移植。化验结果表明你的肾适合捐献，你会捐吗？

44%的受访者表示他们会捐。

而另一组受访者也被问到了类似的问题，但是有点变化：

> 想象一下，你 68 岁的亲戚需要进行肾移植。目前还不清楚你的肾脏是否适合捐献，但可以进行检测来确定你是否适合。你同意接受检测吗？

69%的受访者表示他们愿意接受检测。明明只有 44%的人愿意捐献肾脏，那为什么有 69%的人愿意接受检测呢？从逻辑上讲，任何不愿意捐献肾脏的人应该也不会想接受检测。研究人员接着问了以下的问题：

> 如果经过检测最终证明你的肾脏符合要求，那你愿意捐吗？

> 93%的受访者表示愿意捐赠。但这个数据按理说应该是 100%，因为任何接受检测的人似乎都该说："如果我匹配了，我就捐。因为如果我不打算捐，我为什么要做检测？"

如果我们想让某人为我们做某些事（比如捐肾这样的事），最好是先问那个人是否愿意去做一下检查和确认，看看他是否适合做这件事，而不是直接问他是否愿意做这件事本身。

人们认为，在测试之后获得的信息比测试之前知道的信息更有意义。如果需要肾脏的人不是自己的直系亲属，我相信大多数人，包括我自己，都不愿意捐肾，但肯定会同意做一下检测，然后希望检测结果为不匹配，然后对方就会去找其他的捐赠者。

最后一个关于**确定性原则**的例子来自埃尔德·沙菲尔和阿莫斯·特沃斯基的研究。一组学生被问到下面的问题：

想象一下，你刚刚参加了一场艰难的资格考试，学期终于结束了，你感到筋疲力尽。你发现你要么通过了考试；要么没有通过考试，然后需要在几个月后的圣诞节假期后再考一次。现在你有机会购买一个非常吸引人的五天圣诞假期套餐，从而以极低的价格去夏威夷度假。这个特价商品明天就到期了。你会去度假吗？

通过考试的人中有 70%说他们会去度假，目的是庆祝考试成功，然后喝个烂醉。没有通过考试的人中有 67%说他们也会去度假，目的是通过度假和醉酒来给没有通过考试的自己一点安慰。

第三组受访者被问了同样的问题，但被告知考试结果将在一周内公布，正如前面提到的，特价优惠明天就到期了，他们必须现在就决定，然后才会知道他们是否通过了考试。

63%的受访者说，在他们知道自己是否通过考试之前，他们无法决定是否去度假。但实际上，如果他们通过了考试，他们会去度假。如果他们没有通过考试，他们也会去度假。换句话说，在这两种情况下其实他们都会去度假。如果是这样，为什么他们很难马上做出决定呢？因为他们首先需要知道做出决定的原因。自己是出去庆祝考试成功，还是因为失败而去安慰自己？当他们去夏威夷度假时，是以快乐还是难过的名义醉酒？不管怎样，如果事先不知道做出决定的原因，人们是很难做出决定的。

总结

1. 从逻辑的角度（不一定非得站在情感的角度），在进行某些测试之前，人们应该提前决定在知道测试结果后应该做什么。而不是说："我先测试一下，然后再做决定。"我们应该针对每一个可能的测试结果立即做出决定。毕竟，测试的目的是利用其结果来做决定。测试的意思是，如果结果是 X，我就这样做，如果结果是 Y，我就不这样做。但如果我的决定在两种情况下都是一样的，为什么还要进行测试呢？

2. 如果你不想从你的亲戚那里买一辆二手车，就不要把它弄到汽车修理厂去检查，从而希望发现它有缺陷。

3. 测试意味着根据结果采取相应行动的承诺。

4. 当信息被正式确认时，它就有了意义。人们需要可信的信息来做决定。

5. 通常情况下，即使人们已经做出了决定，还是会为了做决定而寻找权威的信息。当然这些额外的信息并不会改变他们的决定，人们需要这些资料仅仅是为这个决定寻找理由。

第18章 他是你的兄弟，你是我的兄弟，那他也是我的兄弟

如果爱丽丝的身高比芭芭拉高，芭芭拉比辛迪高，那么爱丽丝肯定比辛迪高。如果亚当和本的分数相同，本和查理的分数相同，那么亚当和查理的分数也相同。

传递性的意思是如果 A 等于 B，B 等于 C，那么 A 就等于 C。

如果亚伯是鲍勃的兄弟，鲍勃是迦勒的兄弟，那么亚伯就是迦勒的兄弟。但是存在于兄弟姐妹之间的这种特性并不存在于母女之间，例如：

如果阿曼达是贝丝的女儿，贝丝是辛西娅的女儿，那阿曼达就不是辛西娅的女儿。

朋友的朋友通常是朋友，但敌人的敌人不一定是敌人。有些方面和关系适用**传递性**（如身高、兄弟姐妹、友谊等），也有些方面和关系不适用传递性（如母女、敌意等）。

游戏"石头、剪子、布"就是不可传递的：剪刀胜过布，布胜过石头，但是石头胜过剪刀。

当涉及决策时，我们希望能运用**传递性**，也就是说，如果决策 A 比决策 B 好，决策 B 比决策 C 好，那么决策 A 就会比决策 C 好。

当人们被问到喜欢喝橙汁还是葡萄柚汁时，他们选择了橙

汁。然后又问他们是喜欢喝葡萄柚汁还是柠檬汁时，他们选择了葡萄柚汁。所以，如果橙汁比葡萄柚汁好，葡萄柚汁比柠檬汁好，那么人们比起柠檬汁更喜欢橙汁是有道理的。

但不幸的是，在我们常用的决策方法中并没有**传递性**。其中最常见的方法是根据一些首选特征在可供选择的选项之间进行选择。例如，如果我们必须在两辆车中做出选择——一辆更安全、更便宜、更漂亮，而另一辆只是更新而已——我们将选择第一辆，因为它符合我们做出决定时所依据的四个标准中的三个，而第二辆只满足一个标准。这是一种非常常见的决策方法，这也是我们选择配偶、政治候选人、洗衣粉和工作场所的方法。

这种决策方法的问题在于它高度缺乏传递性。我们用一个著名的选择配偶的例子来进一步说明。乔纳正在寻找一个配偶。他希望能找到一个聪明、漂亮、富有的女士。这里有三个女士：奥黛丽非常聪明、漂亮，但是很穷；贝卡比较笨，但是非常漂亮，也富有；克莱尔非常富有，聪明，但外貌没有吸引力。

表 14　乔纳潜在配偶的相关情况

	智慧	美貌	财富
奥黛丽	非常聪明	漂亮	贫穷
贝卡	笨	非常漂亮	富有
克莱尔	聪明	没有吸引力	非常富有

如果可以的话，乔纳会选择和奥黛丽进行深入的交流，和贝卡出去玩，然后这一切都由克莱尔付钱……但他只能选择一个女士。贝卡在三种品质中的两种（美貌和财富）上打败了奥黛丽，

克莱尔在两种品质（智慧和财富）上打败了贝卡。预期的结论是，如果克莱尔比贝卡好，而贝卡比奥黛丽好，那么克莱尔也比奥黛丽好。但是我们会发现奥黛丽在两个方面比克莱尔更好（智慧和美貌），因此，乔纳将永远孤独地生活。

另一个缺乏传递性的情况也是非常常见的，就是涉及多个目标的复杂决策。

下面的例子中只有两个标准：智商和工作经验。有一家著名的公司正在寻找一个合适的人担任会计。公司决定雇用智商最高的候选人，但有一点需要注意：如果两个候选人的智商相似（相差 10 分以内），那么公司将选择具有更多相关工作经验的人。

表 15　会计职位候选人资料

候选人	智商	工作经验
亚历克斯	115	7 年
鲍里斯	130	0 年
卡洛斯	122	3 年

第一个来面试的候选人是亚历克斯。他的数据很好：115 的智商和 7 年的工作经验。他看起来很有希望成功。（也许这里应该提一下，该公司的前任会计也是智商为 115，工作经验为 7 年。）

第二个候选人是鲍里斯。虽然他没有任何工作经验，但他的智商是 130，因此他比亚历克斯更适合这个职位。第三个候选人是卡洛斯，他的智商是 122，有 3 年的工作经验。但由于卡洛斯和鲍里斯的智商相差不到 10，而且卡洛斯有更多的工作经验（3 年，而鲍里斯为 0），因此卡洛斯被选为公司的会计。

当亚历克斯听说卡洛斯得到了这份工作，他找到评审委员会，要求他们把他和卡洛斯进行比较。的确，亚历克斯似乎比卡洛斯更适合这份工作（卡洛斯似乎比鲍里斯更适合这份工作，而鲍里斯又似乎比亚历克斯更适合这份工作）。亚历克斯的智商只比卡洛斯低 7 分，而且他比卡洛斯多了 4 年的工作经验。当鲍里斯听说亚历克斯……

尽管上述方法在决策过程中非常普遍，但它却会导致一个永无止境且前后不一致的循环。但大多数人倾向于忽略细微的差别，而只注意重大的差别。

让我们以购买二手车为例。如果价格差异很小，我们就只考虑车辆的行驶里程。如果车辆的行驶里程差别也很小，我们会考虑一下这个车换过几次车主。如果这也没有太大的差异，我们就会考虑下一个问题。

克服上述这些例子中传递障碍的方法之一是使用加权平均法。在这种方法中，每个期望的目标都有一个分数（在寻找配偶的例子中，每个候选人在智慧、美貌和财富方面的得分在 0 到 100 之间），此外，每个目标都加上一个加权系数。然后计算每个候选人的平均分数，并选择得分较高的人。

然而，这种方法也有其缺点。第一是可能会导致给一个不重要的目标一个很高的分数，相反也可能给一个重要目标一个很低的分数。例如，如果我们正在寻找医生来治疗从英国来的移民，试着给医生的医学知识和他的英语水平计算加权平均，我们可能会找到一个只知道如何处理伤口的英语语言学家，而不是一个优秀的医生，虽然他可能不会说英语。

公共政策决策者和许多决策研究人员大多不知道的一大问题是"偏好依赖"。即特定目标的权重取决于其他属性的水平。陆军元帅蒙哥马利（Montgomery）曾经说过，一个愚蠢懒惰的军官总比一个愚蠢勤奋的军官好，因为前者至少不会造成多大的伤害。

如果我们要衡量候选军官的智力和勤奋度，我们就不能分开算，因为勤奋的权重取决于智力。如果他（她）很聪明，我们就希望他（她）勤奋；如果他（她）很愚蠢，我们就希望他（她）懒惰。

总结

1. 当涉及在不同的候选目标之间考虑做决定时，（比如选配偶、政治候选人、汽车、工作场所、洗衣店、新的篮球运动员），会有几个目标特质可供选择（例如，在一个政治候选人的案例中，会考虑他的经验、信誉、政治立场、诚实度、领导力），我们需要确认我们所选择的做决定的方法是有意义的，并满足传递性。

2. 众所周知，就像每一种包含多个目标特质的决策方法一样，加权平均法也有其缺点。因此把不同的方法结合起来使用是很有意义的。比如，当候选人因不满足最低门槛要求而被拒绝时使用加权平均法。

第 19 章　不偏不倚

当你必须要在两个候选人中做出选择时，你是选择更好的还是拒绝更差的？这是一个积极的还是消极的过程？

乐观的人倾向于选择最好的选项，而悲观的人倾向于拒绝最坏的选项。如果让你在 10 美元的现金奖励和一次可以赢 100 美元或输 50 美元的掷硬币中选择（掷硬币的预期价值是 50 美元），你会选择现金奖励还是掷硬币呢？一个乐观的人可能会对潜在的 100 美元收益和 10 美元的确定收益进行比较，然后选择抛硬币。悲观的人很可能会对潜在的 50 美元损失和 10 美元的确定收益进行比较，然后拒绝抛硬币。

1996 年去世的著名以色列心理学家阿莫斯·特沃斯基提出了这样一个问题："哪两个国家更相似？是西德和东德，还是尼泊尔和斯里兰卡？"

大多数受访者（67%）回答说，西德和东德更相似。因为它们有共同的语言、文化、遗产等。然后特沃斯基问："哪两个国家之间的差别更大呢？是西德和东德，还是尼泊尔和斯里兰卡？"

面对这个问题，大多数受访者（70%）选择了西德和东德。因为这两者一个是资本主义国家，一个是社会主义国家，等。出于不同的原因，大多数人认为与例子中给出的其他两个国家相比，两个德国之间更相似，也更不一样。

基于这些结果，来自普林斯顿大学的以色列心理学家埃尔德·沙菲尔进行了一系列关于**选择**和**拒绝**的有趣实验，之前在第 17 章的确定事件原则中也提到过他的研究。他在实验中问了被试以下的问题：

想象一下，你在一起离婚独生子监护权案件中担任陪审团成员的角色。

父母的一方（A）收入处于平均水平，与孩子关系融洽，很少外出，工作时间正常，健康状况良好。

父母另一方（B）的收入高于平均水平，与孩子的关系非常融洽，很多时间出门在外，经常出差，还有轻微的健康问题。

这项研究的被试被分成两组。第一组被试被要求选择父母之一，他们将把孩子留给他（她）。64%的人选择把孩子留给 B，36%的人选择 A。选择 B 的原因是其收入高于平均水平以及与孩子的亲密关系。

第二组被试被要求选择会将孩子从谁身边带走。55%的人选择了 B，而 45%选择了 A。拒绝 B 的理由是经常不在家和其健康问题。

如果我们将愿意把孩子留在 B 身边的人的百分比和想把孩子从 B 身边带走的人的百分比加起来，得到的数据为 119%。相比之下，A 的组合答案只有 81%。如果决策是基于理性的立场做出的，那么每个组合的总和都应该是 100%。

表 16　父母离婚后决定孩子监护权的相关资料

	A	B
收入	平均水平	高于平均水平
和孩子的关系	融洽	非常融洽
离家的时间	很少	很多
工作时长	一般	很忙
健康状况	良好	轻微的健康问题

大多数人都选择了 B，觉得他或她既是应该留下照顾孩子的人，也是孩子应该远离的人。A 是一个普通人，没有任何对他或她有利或不利的突出特征。就像我母亲用意第绪语（Yiddish）谈论她的一些熟人时说的："Er shmakt nicht on shtink nicht""他不香也不臭。"一方面，没有特殊理由把孩子交给 A，也没有特殊理由让孩子离开 A。另一方面，有充分的理由把孩子交给 B，但也有充分的理由让孩子远离 B。

如果法官或陪审团的决定是**选择**由谁抚养，孩子很可能会交给 B，从而离开 A。但如果是决定**拒绝**将孩子给谁抚养，那孩子很可能离开 B 而把监护权留给 A。

一个与选择冰淇淋有关的比较有趣的例子是：冷冻酸奶的味道不错，且胆固醇含量低，而普通冰淇淋味道极好，但胆固醇含量高。选择普通冰淇淋的人（72%）加上拒绝普通冰淇淋的人（45%）的比例达到 117%，而选择冷冻酸奶的人（28%）加上拒绝冷冻酸奶的人（55%）的比例只有 83%。

　　当医生决定为病人选择合适的治疗方法时，他们着眼于病人的未来，希望能改善病人的健康。然而，法官在处理医疗事故诉讼时，是在损害已经造成之后回顾医生的决定。因此，法院倾向于更多地关注治疗带来的潜在负面结果。换句话说，他们主要考虑**拒绝**治疗的理由。而医生们主要关心的是潜在的好处，他们会考虑**选择**治疗的原因，尽管其中涉及风险。

　　这种差别的后果之一就是医生倾向于选择康复概率更高的治疗方法，而法官倾向于寻找这些治疗方法中的问题，因为它们有更高的风险。

总结

1. 我们是基于某些原因做决定的。如果要我们选择一个，我们会找其好的理由。如果我们被告知要拒绝一个，我们会找其不好的理由。

2. 相对于一个被选择和被拒绝的概率都很低的普通人，一个有争议的人更有可能被选择和拒绝。

3. 当我们在选择和拒绝这两种情况下做决定时，结果往往不同。

4. 当我们在两个或两个以上的选项之间进行抉择时，我们应该从选择谁和拒绝谁两方面来思考问题。

5. 我们（作为法官）回顾他人行为的方式，可能与决策者（如医生或军队指挥官）当初做出决定时的考虑并不一致。如果决定的结果是消极的，我们必须小心谨慎，不要只强调决策的消极方面，还要像当初决策者做决定时所看到的那样去考虑它的积极方面。一个人不要仅在事后通过观察者的视角来看待这个决定，从而强调这个决定的消极方面，因为从事后看到的东西在事前可能是看不见的。

第 20 章　关塔那摩监狱的浪漫周末

一个男人走进一家餐馆。问服务员："有什么吃的？"

服务员回答道："我们有牛肉和鸡肉。"

男人说："那给我来一份牛肉吧。"

大约过了一分钟，服务员回来说："我忘了告诉您，我们还有精美的烤鱼。"

"那样的话，我要一份鸡肉。"那人回答说。

在牛肉和鸡肉之间选择和鱼有什么关系呢？事实上，决策理论的一个基本理性原则是，增加一个新的选项并不会使一个现有的选项变得更受欢迎（也被称为**正则公理**，the regularity axiom）。例如，现有产品的细分市场占有率不会随着新产品的引入而增长；一个以前从没有参加过欧洲歌唱大赛的国家参加比赛，不会导致以色列在欧洲歌唱大赛中的排名提高；没有人选择的选项的加入不应该影响对现有选项的选择。

如果我更喜欢在罗马度周末而不是在巴黎，那么如果我也能在关塔那摩监狱度周末，我的选择就会改变吗？从理性上讲，关塔那摩监狱的选项不会影响我在罗马和巴黎之间做选择。

但阿莫斯·特沃斯基和他的同事伊塔马尔·西蒙森（Itamar Simonson）（斯坦福大学市场营销课讲师）以及埃尔德·沙菲尔进行的几项研究表明正则公理一直在被违背。

在一项研究中，学生们有机会以 99 美元的便宜价格购买一款很受欢迎的索尼音频播放器。66%的受访者表示他们会购买该设备，34%的人表示不会买。

在同一项研究中，另一组被试被要求在 99 美元的很受欢迎的索尼音频播放器和 95 美元的旧索尼音频播放器之间进行选择。似乎旧设备的出现不可能影响大家购买新的索尼设备的愿望，结果是虽然没有人选择旧的播放器，但是第二组被试购买新索尼音频播放器的百分比上涨到了 76%。

旧的索尼音频播放器成了新型号的参考点。只需比购买旧设备再多花 4 美元，人们就可以购买一台新设备。这样的价格似乎还算合理，新款播放器就突然显得更有吸引力了。

这种现象被称为**吸引效应**（attraction effect）：增加一个明显低于现有选项的选项，会使得原有的选项更具吸引力。

人们可以在一辆车况非常好、每加仑汽油可行驶 24 英里的汽车和一辆车况良好、每加仑汽油可行驶 30 英里的汽车之间做出选择。一半的受访者选择了第一辆车，一半选择了第二辆。

研究者把第三辆车加到已经存在的选项中（诱饵 1）——一辆车况非常好、但每加仑汽油可行驶 19 英里的汽车，选择第一辆车的人的比例从 50%上升到了 70%。

当研究人员在已有的选择中加入第三辆车（诱饵 2）——一辆车况很糟糕、油耗为每加仑汽油可行驶 30 英里的汽车，选择第二辆车的人的比例从 50%上升到了 80%。

表 17 吸引效应举例——车辆偏好受添加诱饵产生参考点的影响

	车况	每加仑汽油可行驶英里数	选择百分比
车辆 1	100	24	选择车辆 1，50%
车辆 2	80	30	选择车辆 2，50%
诱饵 1	100	19	选择车辆 1，70% 选择车辆 2，30%
诱饵 2	60	30	选择车辆 1，20% 选择车辆 2，80%

从表 17 可以看出，没有人选择诱饵 1 或 2，但它们的加入使一辆似乎比它们优越的汽车被选中的可能性变大了。诱饵成了选择车辆的参考点。

让我们假设你的一个朋友正在考虑是嫁给一个聪明但贫穷的男人，还是嫁给一个愚蠢但富有的男人。如果你觉得她应该嫁给一个聪明而贫穷的男人，试着把她介绍给另一个不聪明也不笨但很穷的单身汉。这第三个男人的加入，会使那个聪明而贫穷的男人显得更有吸引力。

在上述索尼音频播放器的研究中，还有第三组学生，他们可以选择以 99 美元购买同一款流行的索尼音频播放器，或者以 159 美元的价格购买顶级的日本爱华播放器。那么，由于选择的多样性，购买两种设备中的某一种的人的比例会增加，而不购买任何一种设备的人的比例会下降，但事实上呢？决定不买任何产品的人数从 34% 上升到了 46%。这是因为，与第一组学生相比，第二组学生在廉价的普通索尼设备和高端昂贵的爱华设备之间存在冲突和选择困难。这种困境导致更多的人选择不买东西了。事实证明，随着选择的增多，人们不做选择或维持现状的倾向也会增加。

就连美国心理学家巴里·施瓦茨（Barry Schwartz）都说，虽然从逻辑上说，如果人们有了更多的选择，那么人们就可以准确地选择让自己最快乐的选项，但事实上，过多的选择通常会带来痛苦、遗憾甚至抑郁。他把这种现象称为"选择的暴政"（the tyranny of choice）。

研究人员博蒂（Botti）和艾扬格（Iyengar）将其命名为"选择的阴暗面"（the dark side of choice）。他们认为对于不复杂的问题，最好能在更多的选项中选择，但随着问题变得复杂，大量的选项会导致我们行动的混乱、麻痹甚至枯竭，结果是我们决策质量的下降。

心理学家埃尔德·沙菲尔和唐纳德·莱德梅尔博士（Dr. Donald Redelmeier）给出了一个很好的例子。他们询问了大约140名医生以下的问题。

病人是一位67岁的农民，患有慢性右髋关节疼痛，诊断结果是骨关节炎。你曾对其病症使用过多种非甾体类抗炎药物（比如阿司匹林、萘普生和酮洛芬），但由于药品的副作用或缺乏疗效已经停用。你决定将他转介给骨科顾问，考虑进行髋关节置换手术。病人也同意这个计划。然而，在送他走之前，你检查了药物处方，发现有一种非甾体药物（布洛芬）还没有试过。

你会：

1．在进行髋关节置换手术转诊的同时尝试新药物？

2．坚持原来的计划，不开新药？

大约一半的医生（47%）选择了选项 1，这意味着让患者尝试布洛芬，同时仍让患者转诊进行手术。53%的医生选择不进行药物测试，直接让患者转诊进行手术。

另一组医生也接受了同样的问题，但内容有所增加。这一次，出现了两种新药物：

病人是一位 67 岁的农民，患有慢性右髋关节疼痛，诊断结果是骨关节炎。你曾对其病症使用过多种非甾体抗炎药物（比如阿司匹林、萘普生和酮洛芬），但由于药品的副作用或缺乏疗效已经停用。你决定将他转介给骨科顾问考虑进行髋关节置换手术。病人也同意这个计划。然而，在送他走之前，你检查了药物处方，发现有两种非甾体药物（布洛芬和吡罗昔康）还没有试过。

你会：

1．在进行髋关节置换手术转诊的同时尝试布洛芬？

2．在进行髋关节置换手术转诊的同时尝试吡罗昔康？

3．坚持原来的计划，不开新药？

现在医生有两种新药物可以选择，选择坚持原计划而不尝试新药物的医生占比上升到 72%。

尽管有更简单的选择，但由于缺乏在两种药物之间做出选择的能力，更多的医生坚持原来的计划，让病人接受复杂的手术。

伊恩是一个狂热的足球迷，他正在观看第 1 频道巴西和阿根廷之间的足球比赛。比赛太棒了，他尽情地享受比赛。每次他的妻子要求和他讨论儿子糟糕的考试成绩时，伊恩总是责备她，说自己很忙（见图16）。

图 16

突然，电话响了。来电者是他的好朋友科迪，他也是一个狂热的足球迷。伊恩以为科迪想和他讨论这场比赛，于是接了电话。科迪说："嘿，伊恩，你在看第 2 频道德国和意大利之间的比赛吗？"

这次通话后，伊恩的情况是改善了还是恶化了（见图17）？

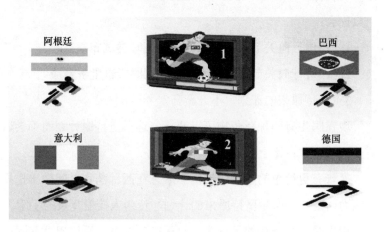

图 17

看起来伊恩的处境有所改善，因为他现在可以在两场高质量的足球比赛中选择了。逻辑告诉我们，选择越多，我们就越容易做出对我们来说最好的选择。

伊恩熟练地操作遥控器，暂时转到第 2 频道，想看看德国队和意大利队的比赛情况。当他转回第 1 频道时，他看到巴西队进了一球，比分是 1∶0。他等着那个进球的回放，因为回放被推迟了，所以他又切换回去看看第 2 频道发生了什么。这时他发现意大利队也进了一球，比分是 1∶0。

最终，阿根廷和巴西的比赛以 3∶3 打平，意大利和德国的比赛以意大利 5∶2 获胜。两场比赛总共进了 13 个球，但他一个也没看到。他非常沮丧，甚至连儿子学业的讨论都不得不推迟到晚些时候。

伊塔马尔·西蒙森在市场营销领域的众多研究中曾经提出这样一个问题，问人们在下面两个选项中更喜欢哪个：1. 一款简约廉价的美能达（X-370）相机，售价 170 美元；2. 一款中等质量的美能达（3000i）相机，售价 240 美元。大约一半的人选择了便宜的相机，一半的人选择了中等质量的相机。

另一组人被要求在三个相机中进行选择，其中两个是上面提到过的，第三个是质量非常好，售价为 470 美元的美能达（7000i）相机。

根据简单的理性原则，似乎昂贵相机的添加不应该影响选择廉价相机的人所占 50% 的比重。但实际上情况并非如此（见表 18）。

表18　在两款较便宜的相机或在三款相机中进行选择时，
廉价、中等质量和优质相机的购买者的百分比

	价格（美元）	选择的占比
美能达（X-370）	170	50%
美能达（3000i）	240	50%
美能达（X-370）	170	22%
美能达（3000i）	240	57%
美能达（7000i）	470	21%

　　昂贵相机的加入降低了人们对廉价相机的需求，但提升了对中等质量相机的需求。这种现象被称为**折中效应**（compromise effect）。人们不喜欢极端的选项。一个不极端的选项会更受青睐。人们往往不会买最便宜的电视机（"因为可能不值得"），而且他们也不倾向于买最贵的（"因为太贵了"）。当卖家想要销售一台特别大的电视时，他们会弄来一台更大的电视，但不是为了销售它，而仅仅是把它作为一个参考点。

　　在法律领域也可以看到类似的现象：某商店保安被谋杀的故事被提交给模拟陪审团。他们需要确定所发生的事情符合"严重谋杀"（"严重谋杀"指的是谋杀警官、法官或任何法律官员的罪行）、"没有严重情节的谋杀"或仅仅"过失杀人"中的哪个定义。

　　另一组人听了同样的故事，但被要求确定这个故事符合"没有严重情节的谋杀""过失杀人"或"情节较轻的过失杀人"中的哪个定义。表19给出了不同的回答。

　　根据简单的逻辑，如果在宽松版本中"严重谋杀"不作为一个选项，那么选择"没有严重情节的谋杀"的百分比应该和在严重版本中选择"严重谋杀"和"没有严重情节的谋杀"的总和差

不多（13%+57% =70%）。

表 19　不同选项呈现方式下的选择占比

	严重版本	宽松版本
严重谋杀	13%	—
没有严重情节的谋杀	57%	38%
过失杀人	30%	55%
情节较轻的过失杀人	—	7%

但是，在宽松版本中选择"没有严重情节的谋杀"的人只有38%。这个数字并不是由于增加了"情节较轻的过失杀人"这个选项而产生的（只有 7%），而是由于"过失杀人"选项的比重从严重版本的 30%上升到了宽松版本的 55%。

从这里也可以看出，人们倾向于避免选择极端的选项。当有"严重谋杀"这个选项时，大多数人会选择"没有严重情节的谋杀"，但当最极端的选项是"没有严重情节的谋杀"时，大多数人会选择更中立的选项，也就是"过失杀人"。

取消一个极端选项并不会使下一个极端选项被选择，而会使整个选择分布朝着一个更缓和的方向移动。

总结

1. 通常情况下，过多的选择会导致我们做出深思熟虑决定的可能性降低。

2. 对于不是特别重要的决定，人们可能会尽量减少选项。例如，买衣服的时候只光顾两家店。

3. 学会接受"足够好"：做出一个符合自己主要需求的选

择，而不要去寻找难以捉摸的"最好"选项。

4. 有意识地限制自己对那些已经被排除的选项上看起来有吸引力的特征进行思考。要学会关注自己选择中积极的部分。

5. 控制预期。"不要期望太多，你就不会失望。"这句话可能听起来有点陈词滥调，但对于那些希望生活得更幸福的人来说，这是一条理性的建议。

6. 随着选择的增多，不做选择或维持现状的倾向也在增加。如果你公司的某一个敬业的员工想辞职换一份工作，那就给他一个接一个的可供选择的机会。他在不同选择之间的权衡可能会让他继续留下来。

7. 过多的选择也会增加后悔的可能性，并且经常导致沮丧。

8. 当时间因素在决定中很重要时，比如癌症治疗，最好花足够的时间选择一个长期合作的医生，而不应该不断地询问其他不同医生的意见。这是因为，如果这些意见与第一个医生的意见不一致，而且是医生之间的相互攻击导致的，那这对病情毫无益处，只会延长决策过程，从而耽误治疗。

9. 在现有的备选方案中添加一个明显较差的备选方案，将会使现有的备选方案更具吸引力。通过这种方式，人们的选择会受到明显低于我们预期的选项的影响。

10. 要记住，我们有一种不选择极端选项的自然倾向，并且，我们可能会被额外的想象的选择所愚弄，而这些选择只是用来扭曲我们的决定的。

第五部分

对结果的感知

第21章 零错觉

几年前，我被一所大学邀请去演讲，还能得到很高的薪水。我很高兴地接受了这个邀请，在做了大量的准备之后，我在新学期开学的第一天就来到了学校。一进校园我就注意到停车费要 3美元。门口那个脾气暴躁的警卫对我是学校老师还是客人一点也不在乎，他说："车上没有贴标签的人都要付钱。"

我心想你以为我是白痴？我完全忽视了在接下来的几个小时里，我将赚一大笔钱，于是我开始在校园外找一个停车位停车。

绕校园开了一圈，我在 650 英尺（200 米）外找到了一个停车位，但我没有把车停在那里，我希望能找到更近的车位。然而，我并没有找到这样的好车位，这时我以为第一个车位还空着，于是我又绕着校园转了一圈，却发现那个位置已经有人停了。

在转了三圈之后，我最终将车停在了离校园 1300 英尺（400米）外的一个车位，这么远的距离导致我不得不跑去教室。到教室的时候，我汗流浃背，心情沮丧。

除了因停车费而吝啬之外，其实这里面还有别的因素——一种叫作**零错觉**（the zero illusion）的现象。这是一种由微小的损失引起的相对消极的感觉。人们不喜欢失败，即使只是很小的失败。

在我教授的决策理论课程中，我会以下面的问题开场（见图 18）。

在下面的情境中，你倾向于选哪一个：

1. 买一张赚 100 美元与赚 300 美元机会均等的彩票？

2. 买一张赚 1000 美元和输 200 美元机会均等的彩票？

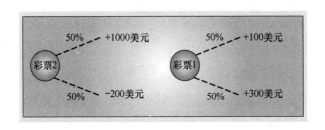

图 18

虽然第二种彩票的预期收益（400 美元）比第一种彩票（200 美元）要高，但大多数被问到的人还是选择了没有损失的彩票，而不是预期收益高但有可能出现小损失的彩票。

我在一个非常大的政府组织里举行讲座期间，一家公司的 CEO 参加了讲座并做了分享。他掌管两家工厂：一家大的工厂的年收入在 200 万～300 万美元之间，另一家小工厂的年收入在小亏损（每年亏 20 万美元）和小盈利（每年赚 50 万美元）之间波动。

在回顾自己对这两家工厂的管理投入时，他发现自己把大部分精力都花在了较小的工厂上。尽管大工厂更赚钱，有更大的潜在贡献，但对 CEO 来说，避免小工厂的损失比提高大工厂的利润更重要。

这可以从图 19 中看到。

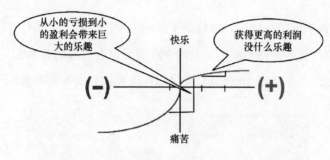

图 19　零错觉

从小损失（亏 20 万美元）到小利润（赚 50 万美元）的转变所带来的乐趣，远远大于从中等利润（200 万美元）到大利润（300 万美元）的转变所带来的乐趣。

零错觉的出现是图中零左边曲线急剧下降造成的。

由于害怕遭受小损失，人们往往避免参与有巨大潜在利润的业务。至少他们是这么想或这么感觉的，与赚到多得多的利润所带来的愉悦相比，即使是很小的损失也会让人感觉更糟糕。

丹·艾瑞里和他的同事让学生选择购买一种巧克力。在价格 1 美分但不太好吃的普通巧克力和价格 15 美分的美味松露巧克力之间，73%的学生选择购买昂贵的巧克力。

另一组学生被要求在同样的两种巧克力之间做出选择，但这一次，不太好吃的巧克力是免费提供的，而美味的巧克力的价格是 14 美分。大多数学生（69%）选择吃味道差得多但免费的巧克力。

总结

1. 我们不值得为小小的损失而激动。

2. 由于害怕损失，人们往往会因为一些较小的风险而避免非常有利可图的选择。

3. 我们经常花很多时间来避免损失，而不是创造利润。

4. 对损失 1000 美元的恐惧往往比对损失从 10000 美元扩大到 11000 美元的恐惧更大。

5. 看起来是免费的诱人提议是不值得让我们忘乎所以的。免费的赠品往往会导致我们做出与我们最初的需求不符的决定。

第22章　为做过的事后悔，还是为没做的事后悔

安妮从不让人搭便车。一天晚上，下着大雨，一个士兵站在十字路口，安妮将车停了下来，于是这个假士兵抢走了她所有的钱。

贝丝总是会让人搭便车。一天晚上，下着大雨，一个士兵站在十字路口，他伸手示意希望搭车。贝丝停了下来，这个假士兵抢走了她所有的钱。

这两人谁更后悔让假士兵搭便车？

大多数人（88%）认为安妮更后悔。因为做出的决定越积极、越非常规，我们就越感到懊悔。

后悔和失望是两种负面情绪，它们源于我们的决定实际所带来的结果与它可能发生或我们预期的结果之间的差异。

后悔是一种情绪，往往伴随着这样一种感觉："如果我过去采取不同的行动，今天或未来我的情况会更好。""我应该这样做，而不是那样做。""真可惜我没带伞。""我希望我在餐馆点的是炸肉排而不是牛排。""我就不应该学医。"

除了爱情，后悔是最能占据我们心灵的情感。

自责是区分**后悔和失望**的核心因素。如果消极的结果是由我所能控制的决定造成的，我会感到后悔。如果消极的结果不是由我决定的，我会感到失望。

某男子填了一张彩票，他必须猜对16场足球比赛的结果，结

果他猜对了 15 场比赛。假设最后一场比赛他也猜对了，那他就会赢得 300 万美元——这样，他会后悔自己没有猜对最后一场的比分，尽管现在回想起来，最后一场比赛的比分那么显而易见。

如果有人猜中了全部 16 场比赛，他就有望赢得一大笔钱。如果在同一周内，很多人猜对了所有的比分，每个人只赢得了 33.18 美元而不是像预期那样赢得 300 万美元。他们会感到**失望**，但没什么好后悔的。因为大家已经做得够好了。

期望越高，对失败的失望就越大。世界冠军意大利国家足球队的球迷会比同样在决赛阶段失利的土耳其队的球迷更失望。因为土耳其队的球迷的期望更低，因此失望也更小。

避免失望的一个通常办法是什么都不做。无所事事的人是不会失望的。但是，什么都不做的人容易后悔。失望是相对于每个人的期望来说的，而遗憾是相对于其他选择来说的——例如，其他人的决定。

大多数国家的彩票都是在 40 个号码中猜 6 个。假设我选的数字是 3、7、12、22、28、31，而中奖号码是 2、17、20、32、39、41，我不会感到后悔。我不会对自己说，"哦，太糟糕了，我选了 3、7、12、22、28、31，而不是 2、17、20、32、39、41"。也许我会感到失望，但这是一个轻微的失望，因为我不认为自己获胜的机会很高。

这里可以引用亚龙·伦敦（Yaron London）和尼西姆·阿洛尼（Nissim Aloni）写的一首关于运气和教育的歌，歌词如下：

在学校里，他们教我们不要靠运气。

汗流浃背才能吃到面包

智慧之言，妙语连珠，但问题是？

学生人数，谢天谢地，是有很多。

而学校呢，上课的很少。

为什么呢？没有预算。

该怎么办呢？发行国家彩票。

为了什么呢？

学校并不多，多建学校。

为什么建学校呢？

为了学习和育人。

教什么？教人们不要靠运气，

汗流浃背才能吃到面包。

每个人都很聪明，每个人都在等待奇迹，

但等来了黑色星期五，心都碎了。

他们永远在尝试。

荷兰的彩票就是一个很好的例子，利用人们的后悔心理作为一种销售手段。世界上第一个正式的彩票发行于 1726 年的荷兰。彩票中不止有 6 个随机数字，还有邮政编码。任何住在被选中地区的人，只要买了彩票，就能赢大奖。这种彩票就是建立在后悔的基础上的。人们担心，如果他们不买彩票，他们所在的地区一旦被选中，他们会经历巨大的后悔。结果是他们不仅没有赢，而且他们还认识所有的赢家，因为他们住在同一个街区，这可能会放大他们的后悔和愤怒。

查尔斯和丹应该在早上 8 点乘上两个不同的航班。他们共乘一辆出租车，但由于交通堵塞，他们在 8 点半才到达机场。查尔斯被告知他的航班准时起飞了，而丹被告知他的航班延误了，是 8 点 29 分起飞的。他们俩谁更生气？几乎所有被问及的人（96%）都说丹会更生气。

人们越容易想象积极的结果，越会去比较已经发生的和可能发生的，人们的失望和后悔就越强烈。丹更容易想象他没有误点的情况，因此他更容易后悔自己出发得太晚。而查尔斯会觉得即使他早出发 20 分钟，他还是无法准时到达。

芝加哥公牛队的球迷在哪种情况下更痛苦呢：是在对方一直领先的比赛中输掉 20 分，还是在公牛队一直领先的比赛中因被对手绝杀而输掉 1 分？

在第二个例子中，球迷更容易想象公牛队获胜的情形，因此会造成更大的伤害。损失越明显，失望就越大。但反过来也是正确的：失败的可能性越明显，你就会觉得自己越幸运。这是经历绝杀胜利后的一种被加强的感觉。

埃迪和弗兰克在一场网球锦标赛的半决赛中双双被淘汰。当他的对手打出一个直接得分球（Ace）时，埃迪输了（这个发球埃迪无法回击）。而弗兰克输是因为他犯了一个粗心的错误。他们中的哪一个在晚上会花更多的时间来反思比赛？

大多数受访者（85%）表示，弗兰克会更难过。这是因为一个决定越主动，它产生的悔恨就越多，而一个决定越被动，它产生的悔恨就越少。

奥里特·蒂科辛斯基（Orit Tykocinski）和诺亚·斯坦伯格（Noa Steinberg）在对本-古里安大学（Ben-Gurion University）的学生进行的一项研究中也发现了类似的结果。对重要的航班或会议，由于交通堵塞而迟到的人会比那些因为开车时打电话而被警察拦在路边而迟到的人感觉好一点。后悔是一种比失望更沉重的消极情绪，因为后悔产生于我们能够控制的行为，而失望则产生于我们无法控制的事情。

由伊拉纳·利托夫（Ilana Ritov）和乔纳森·拜伦（Jonathan Baron）进行的一项研究表明，人们不愿意给孩子接种流感疫苗往往是因为疫苗有万分之五的可能会杀死孩子。但如果没有疫苗，孩子死于这种疾病的概率是千分之一。儿童因接种疫苗而死亡的概率低于因不接种疫苗而死亡的概率，但父母因孩子接种疫苗而死亡的悔恨要大于其因疾病而死亡的悔恨。在第一种情况下，父母会将孩子的死亡归咎于自己，而在第二种情况下，责任是疾病的。他们称这种现象为**忽略偏见**（omission bias）。

由于做出改变的决定而产生的后悔和快乐，要比那些没什么影响的决定所产生的后悔和快乐更强烈。例如，一个学生在考试中写出了正确的答案，然后擦掉它，填了一个错误的答案，会比一个从一开始就填错答案的人感觉更糟糕。

奥里特·蒂科辛斯基和她的同事也从另一个角度分析了后悔这个主题。对后悔的最初理解是，"如果我现在做了一个错误的决定，我很可能会在将来后悔"。这些研究人员提出了一种叫作**"不作为惯性"**（inaction inertia）的概念，即如果一个人错过了一个机会，在同样的情况下又得到了另一个不那么有利的机会，那这个人为了避免感到后悔，可能也不会利用第二次机会，即使这是一个有积极意义的机会。

错过了一件打五折衣服的人，很可能不会再买一件打九折的衣服了。如果有人可以花 30 美元而不是 100 美元的价格获得欧洲杯篮球赛的门票，但是他忘记使用这个优惠，那么他很可能也不会接受优惠到 70 美元的门票。

最后的例子描述了**事后后悔**（regret in hindsight）。如果我买这件只打九折的衣服，我就会后悔没有早点以五折购买这件衣服。以 70 美元的价格买篮球比赛门票的人会后悔在门票价格为 30 美元的时候没买，现在要多花 40 美元。因此尽管门票的价格已经优惠，但你依然会克制购买，目的是避免一种后悔的感觉。

施瓦茨（Schwartz）和他的同事们进行的研究揭示了后悔与抑郁和神经症之间的显著关系，以及后悔与快乐、乐观和生活满意度之间的相互联系。完美主义者也是很容易后悔的人。他们更关心的是获得一些伟大的东西，而不是享受一些比较好的东西。

如上所述，后悔是积极主动决策的特征，而不是被动决策的特征。但是季洛维奇和麦维琪（Medvec）的研究表明，当时间跨度较长时，这种现象就会发生逆转。换句话说：短期内，人们会后悔他们做过的事，但从长远来看，人们会后悔自己没有做过的事。当你问成年人他们后悔什么时，他们说到的主要都是那些他们没有做过的事情，比如没有好好学习、没有离婚，或者一直做同一份工作而没有自己创业。当你问人们过去一个月有什么让他们后悔的事情时，他们通常会后悔自己做过的事情，比如辞职、伤害他人或自我伤害。

总结

1. 人们倾向于不做改变。人们更容易被动地处理失望，而不是积极主动地应对后悔。决定越积极，后悔就越大。

2. 不做决定的人就不会失望，但可能后悔。因此，最好是去尝试后接受可能的失望，而不是没有尝试而迎来可能的后悔，因为比起生活在后悔中，人们更容易适应生活在失望中。后悔是一种比失望更沉重的消极情绪。当人们失败时，后悔往往伴随着内部归因和自责，而失望则往往归因于外部因素。

3. 成功的可能性越大，失望也就越大。

4. 如果我们错过了一个绝好的机会，这并不意味着我们要放弃后面的好机会。我们应该中立地看待失去的机会，把新的机会当作第一个，而不是把它与前一个机会进行比较。

5. 在一次重要的考试中得到 95 分的学生，他可以为做错的那一道题而感到后悔，也可以选择享受高分。完美主义是努力追求实现最优的结果，而不是享受非常好的结果。

6. 短期内，我们会为我们做过的事情感到后悔，但值得记住的是，从长远来看，我们会更多地为我们没有做的事情后悔。因此，最好是勇敢地去做。

7. 失望是有过高期望的标志。尽管失望是一种消极情绪，但它也代表着有更多的雄心壮志和动力去实现目标。生活中虽然充满了失望，但也会充满期待，充满成就感。

第23章　参考点

还记得本书前言里提到的关于我在皮皮岛度假的故事吗？当美妙的假期结束的那一刻，我发现另一对以色列夫妇花了 40 美元租了一间我们花了 60 美元的房间。就像前面提到的，在整个晚餐期间我都在生妻子的气，因为她没有找到更便宜的房间。那一刻我们之间多年的爱情都被遗忘了，那 20 美元的损失让我非常愤怒。

这是参考点影响我们情绪状态的一个经典例子。见到这对以色列夫妇并没有改变我们的处境，什么坏事都没有发生。旅馆的主人没有向我们收取额外的费用，我们在房间里没有发现任何蟑螂，床单很干净，洗澡水很热，一切都是我们想要的。唯一改变的是我们的参考点：我们突然觉得自己付出了太多。我们有了比较的基准，这让我们感觉自己像个傻瓜。

但相反的情况确实也在我身上发生过。当人们和我购买相同的东西，但花的钱超过了我所支付的，即使我的情况并没有好转，我知道了以后也会感到很高兴。

同样的故事发生在斯里兰卡。1988 年 8 月，我和我的同事埃尔达德（Eldad）到那里为当地农业部开了几场讲座。在回到以色列的前一天，我们在圣城康提（Kandy）逛了逛。我在中央市场看到了一个很棒的皮包，我花了 300 卢比买给我女儿，在当时相当于 10 美元左右。埃尔达德也喜欢这个包，也想买一个，但同款包店里没有了，店主建议我们明天到首都科伦坡（Colombo）再买一个。

第二天非常炎热。我们离开了有空调的酒店，走进了中央市场的热浪里。埃尔达德走在市场的小巷里，我跟在他后面，汗流浃背，上气不接下气。他在一个摊位上找到了这个包。

"这个包多少钱？"他问商人。

"360 卢比。"商人回答说。

"我朋友昨天在康提花 300 卢比买了一个。"埃尔达德告诉他。

"那你去康提买吧!"商人说。

埃尔达德和商人谈了很长时间，但商人就是不肯让步。在等他们议价的间隙，我去买了一杯冷饮，这杯冷饮花的钱都比他激烈地讨价还价的 60 卢比多。

随着我们的航班时间越来越近，我催促埃尔达德赶紧买，并告诉他我愿意支付差额，我们得赶紧走了。"这不是钱的问题，"他说，"这是原则问题。"

在他讨价还价失败后，埃尔达德最终还是支付了 360 卢比，也就是大约 12 美元，然后我们跑回了酒店。

一个小时后，当我们在机场带空调的候机室里取登机牌和过安检时，我故意坏坏地问埃尔达德："最后你花了多少钱买这个包？"

"唉，那个坏商人，他可真把我折腾得够呛。我给了他 12 美元，比你在康提多花了 20%。"

"你知道吗？"我告诉他，"我愿意花 25 美元买你的那个包。你要卖吗？"

"你疯了吗？"他说，"这样的包在以色列要 100 美元！"

"哦，真的吗？那一个小时前这个包在以色列的市场上能卖多少钱？"

"一小时前，它在以色列的价格还无关紧要。现在，就在我们即将登上飞往以色列飞机的这一刻，那就有意义了。"

当我们站在斯里兰卡的市场里时，伊利达的**参考点**是我为这个皮包支付的价格。一旦登上飞往以色列的飞机，他的参考点就变成了这个包在以色列的价格。

这一现象对于很多从国外归来的人来说很常见，他们会后悔没有为自己和他人买更多的礼物。当他们离开时，他们会比较当地的价格和可获得性，但回到国内后，他们的比较就转向了国内的价格。

芝加哥大学的教授奚恺元（Christopher Hsee）问他的学生，在一次清仓甩卖中，他们愿意为一套包含 8 个大盘子、8 个沙拉盘和 8 个甜点盘的餐具支付多少钱。算下来整套的平均价格是 33 美元。

另一组学生被问到他们愿意为一套包括 8 个大盘子、8 个沙拉盘、8 个甜点盘、8 个杯子（其中 2 个有裂缝）和 8 个碗（其中 7 个破了）的餐具支付多少钱。尽管第二套餐具中包括更多的东西——6 个完整的杯子和 1 个碗——但他们愿意为此支付的价格只有 23 美元。

第二套餐具的参考点是完整没有任何破损的那套餐具，这个参考点导致了有缺陷的第二套餐具的价格有所下降。

在同一项研究中，奚恺元发现人们更喜欢昂贵的围巾（在5～50 美元的价格区间，价格为 45 美元），而不是便宜的外套（在 50～500 美元的价格区间，价格为 55 美元）。当人们收到礼物时，他们会将其与其他同类物品相比较。

人们也更愿意花 2.26 美元买一小杯（杯子 5 盎司）的冰淇淋（冰淇淋 7 盎司），而不是花 1.66 美元买大杯（杯子 10 盎司）的冰淇淋（冰淇淋 8 盎司）。看起来小杯子里的冰淇淋更多，因为小杯子里的冰淇淋都装满了，甚至都快溢出来了，但大杯子里的冰淇淋甚至都还没装满（见图 20）。

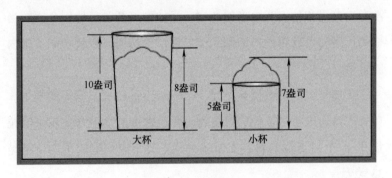

图 20　少就是多

汪辛克（Wansink）在他的著名著作《好好吃饭》（*Mindless Eating*）中说，根据他的研究，那些想要减肥的人应该用小盘子吃饭。这样的话，饭的分量看起来会更大，也会更容易吃饱。

在我看来，关于参考点最成功的例子就是奖牌获得者在奥运会上的感受。当他们站在领奖台上时，我们看到金牌（第一名）和铜牌（第三名）的获得者都很开心和满足，而银牌（第二名）获得者看起来很沮丧和相对悲伤。在迈巴赫（Madbach）和他的同事进行的一项研究中，他们发现铜牌获得者比银牌获得者更快乐。

因为银牌获得者会把自己和金牌获得者作比较，觉得自己错过了机会。他们可能会对自己说，"要是我再努力一点，也许我就能赢得金牌了。"但获得铜牌的运动员会将自己与排名第四却一无所获的运动员进行比较。他们会在心里想，"真幸运，否则我可能什么也赢不了"。

我将以丹·艾瑞里和他的同事们进行的一个实验来结束这一节。在加州大学伯克利分校学习市场营销的学生被分成两组。一组被问到他们是否愿意付 2 美元听教授为他们朗读惠特曼的诗，另一组被问及他们是否愿意为了挣 2 美元来听教授为他们朗读诗歌。

3%的人同意支付这个钱，来听他们的营销课老师朗诵诗歌。无论从哪个层面来看，这都是一场无聊的活动，但他们愿意为此买单。相比之下，59%的受访学生表示，如果给他们 2 美元，他们会去听教授朗读惠特曼的诗。

在回答第一个问题后，这组学生被问及如果不收费，他们是否愿意参加诗歌朗诵会。在最初被问及是否愿意为朗读付费的学生中，35%的人说他们会来参加。相比之下，那些一开始被问及是否会参加诗歌朗诵会并获得报酬的学生中，只有 8%的人表示会参加。

表20　参考点影响决策的例子

	你愿意付2美元去听诗歌朗诵吗？	你愿意为了挣2美元去听诗歌朗诵吗？
1）有费用	3%	59%
2）免费	35%	8%

第二个问题对两组学生来说实际上是一样的。两组人都被问到是否愿意免费参加诗歌朗诵会。两组学生之间的区别在于参考点：第一组学生从不得不花钱变成了免费的邀请；第二组学生从有偿听朗诵变成了免费参加。

参考点可能是关系到我们体验到快乐或悲伤的最具影响力的因素。决策过程总是在参照一些参考点的情况下完成的。当我们搬家的时候，我们比较新房子和旧房子，会感觉很开心。过了一段时间，当我们适应我们的新家了，我们就会开始比较我们和邻居的房子，正如我们所知道的，自己家的草坪总是比邻居的更绿。

即使是在繁忙的道路上开车，我们也会享受自己的车道比旁边车道前进得更快的事实，而不是享受车辆快速行驶的事实。参考点不是我们昨天下班开车回家的速度，而是我们今天旁边那辆车的车速。

总结

1. 有一句古老的波斯谚语，说的是一个人因为没有鞋子穿而感到沮丧，直到他遇到了一个没有腿的人。我们总是主观地参照其他事物来定义事物的"好"或"坏",而不是客观地参照它的"真实"。

2. 不要以貌取人。影响我们的决定的不仅仅是书的封面,还有封面和书的内容之间的关系:一个大杯子里装正常量的冰淇淋会让人觉得比正常量少。在市场营销领域,给少量的产品配套大包装就是创造了一个参考点,这个参考点伴随着期望,如果期望没有实现,就会导致失望。为了享受生活,最好少做比较。

3. 当你出国时(那些国家的物价比你的祖国低),要多买礼物。等你回到家,你不会后悔的。事实上,会发生相反的情况——对比国内的价格后只会让你开心。

第24章 为什么酒要小口喝，药却要大口吞

哪种情况会让你感觉更好呢？是工资从 1000 元涨到 2000 元，还是从 4000 元涨到 5000 元呢？大多数人会说，相比高工资的情况，那额外增长的 1000 元在低工资的时候显得更重要。这不光因为二者的增长率不同——前一种涨幅是 100%，而后一种涨幅是 25%，其主要原因在于，我们是用基本工资购买所有更重要的物资——如食品、衣服和教育，而用富余的钱购买不那么重要的东西，如娱乐和珠宝。

可以这样说，我们从赚钱中获得的边际快乐（marginal pleasure）是在减少的。当然了，有钱进账我们总是会开心的，但是随着金钱的累积，每多挣到一元钱，我们从中所获得的愉悦感却是减少的。这个道理也适用于生命中其他积极美好的事物：在欧洲能多待一周的快乐会随着旅程的延长而缩减。假如有人赢得了免费的欧洲 7 日游，结果得知奖品变成了 14 日游，那他们可真要高兴坏了。但如果他们本来赢取的是三个星期的免费旅游，又被临时通知延长到了四个星期，那他们的高兴劲儿就会少一些。

边际效应（marginal utility）也会以消极的方式存在。亚伦因酒驾致路人受伤而被判入狱 1 年。他向民事法庭提出上诉，结果延长为 2 年刑期。比利因酒驾致路人死亡而被判入狱 3 年，他

也向民事法庭提出上诉，结果是延长为 4 年刑期。

他们俩谁的感觉更糟呢？大多数人会说亚伦遇到的情况更糟。尽管他们两人的判决都被延长了 1 年，但刑期从 1 年增加为 2 年还是比从 3 年增加为 4 年更让人觉得苦不堪言。

通过丹尼尔·卡尼曼和阿莫斯·特沃斯基提出的前景理论中的价值函数，我们可以从图 21 中看到这一变化趋势。

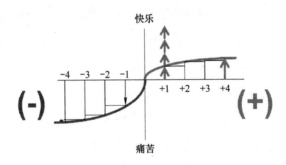

图 21　前景理论中的价值函数

正如图中右侧的函数所示，边际快乐会减少。左侧函数显示出边际痛苦也一样会减少。从图中可以看到，两边的进展都趋于缓和。下面我们举几个符合函数左边图形变化的例子：任何人都会承认自己刚开始秃顶时是多么难以接受。随着秃头的程度不断加剧，我们也很难开心，但只要时间一长，我们最后就习惯了，心里难受的程度也会减弱。这些也同样适用于皱纹、白头发、经济损失，甚至是战争创伤。最先在伊拉克牺牲的美国士兵在新闻媒体上被重点报道了名字，随着时间的流逝和不断上升的死亡总数，我们因为那些牺牲在战场上的士兵所感受到的痛苦也开始下降。

和**零错觉**类似，很小的经济损失却可以带来很大的伤害。而当小损失变大时，比如在证券交易所里，那些额外损失带来的心痛会变得越来越平缓。

在这个领域很突出的一个现象是**沉没成本谬论**（sunk cost fallacy）：在已经投入了时间和精力后，就一定要将该任务继续下去的倾向。这一现象也被称为**协和式飞机效应**（concorde effect），这样叫正是因为协和式飞机的研发从一开始就花费了巨额费用，英法两国政府迫于之前的巨大投入只能对其继续建造甚至量产投入使用，直到最后实在入不敷出才停飞。

1969年，美国外长亨利·基辛格（Henry Kissinger）在谈到理查德·尼克松（Richard Nixon）总统对越战的处理时说，"他不能就这么把美军撤出越南战场，这是对已经牺牲的3万将士的背叛"。结果美军不得不继续待在越南直到取得所谓的"胜利"。战争最终结束时，美军死亡人数达到了58226人，另有30万人受伤，同时我们也一定不能忘记越南军民还有400万人死亡，以及数百万人在战争中受伤。

几年前，有一位和我在同一所大学工作的女同事，她新染了一头鲜亮的红头发，我问她："塔莉，说实话你真的喜欢这个颜色吗？"

"我讨厌死这颜色了！"她立即回答了我。

"那你为什么不再染成别的颜色呢？"

"你知道染成这个颜色花了我多少钱吗？"

　　塔莉告诉我染这么一个头花了她 210 美元。假如她顶着这头红发只过了一天，那么就相当于她在一天里花了 210 美元。而如果她能顶着红头发坚持两天，就相当于她每天只花了 105 美元。若能坚持一个星期，那就相当于她每天只花了 30 美元染发。所以简单算一算，她就能得出结论来，那就是即使她需要顶着一头红发忍耐两个星期，但只要价格能折合成每天只花费 15 美元，那就是个公道的价格了。

　　艾伦·特格（Allan Teger）曾是宾夕法尼亚大学（University of Pennsylvania）的一位心理学教授（顺便说一句，如今他靠拍摄裸体艺术照来教授我们学术以外的人生）。1980 年，他出版了一本书，书名叫作《投资太多而难以放弃》（*Too Much Invested to Quit*），书中大部分内容都围绕着一元拍卖会（dollar auction），就是对 1 美元公开拍卖的一种博弈游戏。拍卖规则如下：为 1 美元叫价最高者将获得拍品一美元，同时支付自己的报价。而叫价第二高者也要支付自己的报价，但什么也得不到。拍卖开始后某人喊价 10 美分，另一个人喊价 60 美分，还有人喊价 90 美分。此时，喊价 60 美分的人可以选择放弃并损失 60 美分，也可以选择加价到 1 美元算是不赚不赔。而相比凭空损失 60 美分而言，这个人当然更愿意为 1 美元出价 1 美元。然后喊价 90 美分的人也可以选择放弃竞拍然后损失 90 美分，或者继续为了这 1 美元出价 1.1 美元，这样就可以只损失 10 美分，而这也恰恰是人们的选择。如果公开拍卖到此为止，那么原先出价 1 美元的人就要赔掉 1 美元了，为了避免这一结果，此人会认为值得加价到 1.2

美元。以上就是一元拍卖会得以不断继续下去的原因。

我在哈佛商学院攻读工商管理博士学位时，教我决策理论的老师是霍华德·雷法教授，他撰写了该领域的第一本书。他向我们演示了一元拍卖会，并不得不在竞价飙到 5.3 美元对 5.2 美元的时候叫停了我们。提醒一下，整个拍卖会只是为了最终买到 1 美元而已。但无论是谁之前出价到了 5.2 美元，都会打算将其提价到 5.4 美元的，因为如果竞拍成功，这个人就只会亏掉 4.4 美元，而不必亏 5.2 美元了。

这只是**危机升级**（crisis escalation）的一个简单例子，一位名叫泽夫·马奥斯（Zeev Maoz）的政治学学者使用这一悖论来描述我们与敌人势不两立的情境，即双方都想要避免威胁，每一方都想要对方撤退。但在很多情况下，最终都会导致战争，虽然战争是双方都想避免的，可双方又都无法避免。

以下就是我们遇到投资亏损时，更倾向于去采取的行动：

1. 如果我们没有任何收获就放弃，则之前的投资和努力会显得毫无意义。

2. 对于那些已经知道是不明智的投资，我们仍然会继续追加投入，因为我们寄希望于有朝一日可以用成功证明自己的投资还不错，或者仍期望能把以前的投资回本。

3. 我们在某个领域的前期投资越多，认为自己有义务追加该领域投资的感觉就越强烈。

4. 我们经常会说，"反正都已经投入这么多了……"，不管是有意识或无意识的，这都是为了在艰难时期迫使自己能继续下去。

5．不再试一把就彻底放弃对我们来说实在太困难。我们很难接受自己已经失败的事实，更难接受的则是我们从一开始就不应该投资。

我和鲁平学术中心的朋友埃达·兰珀特（Ada Lampert）一起主持了一项研究，探索家庭生活的父母投资与风险承担之间的联系。我们发现，相比男性而言，由于女性更深入地参与到孩子的孕育生养中，因此她们甘冒更大的风险来保护自己的孩子。比如，我们会问她们这样的问题：

假设你的孩子患有肾病，需要终生接受每周两次的透析治疗。一位专科医生告诉你，如果你把自己的一个肾脏捐给你的孩子，那么她有 80%的机会完全康复，同时有20%的可能病情没有改善。

医生还说，有 50%的可能即使不做肾脏移植手术，孩子也会完全康复，而这将在未来两年里得到确认。如果未来两年里孩子的病情没有好转，我们还是可以做肾脏移植手术的，只不过那时手术的成功率会降低为 60%。你会怎么决定呢?

1．我会立刻捐出一个肾脏给孩子。

2．我会等两年，如果两年后需要，我再捐出肾脏给孩子。

3．我不会捐肾脏，我寄希望于孩子靠自身痊愈。

大多数女性（68%）会选择捐出自己的肾脏，其余的女性（32%）会选择等待两年看情况再捐献。大多数男性（56%）会选择捐出自己的肾脏，另有一部分男性（41%）会选择等待两年看情况捐献，但还有少部分男性（3%）选择压根不会捐献。我们可以把这理解为男性和女性的自我牺牲精神差异显著。

现在，我们将视角从对生命的投资领域转移到股票市场的投资上来——在股票大跌之后，投资者会避免卖掉自己的股票。研究显示，那些需要资金而不得不卖掉股票的人，反而会卖掉赚钱的股票，而不是亏钱的股票。这一现象使投资者耗费了大笔资金，却与投资盈利南辕北辙。一旦出现了初始亏损，后面再有任何损失都会显得微不足道。股票反弹恢复原有价值的概率看起来比它持续下跌的概率更大。当痛苦达到顶峰，再多的亏损或是负面结果都不会加剧痛苦了。这个峰值点就叫**"没有什么好失去的了"**。

另一个没那么让人痛苦的例子是足球赛。此时 90 分钟的比赛已经进行到 80 分钟并且对手 1∶0 领先，通常在这种情况下，落后一方的教练都要改用进攻球员替换下防守球员，不再管防守，而将整队变为进攻阵型，想办法抓住之前没有抓住的进球机会。还能发生什么更糟糕的呢——对方会再次破门得分，从 1∶0 领先变为 2∶0 领先？二者没什么区别。因为比赛都快结束了，已经没什么可再输的了。

当敌人或商业对手感觉自己处在没什么可再失去的地步时，就像《圣经》故事中被腓力斯丁人（Philistines）抓起来的参孙（Samson）那样，他们会以一种对自身和周围环境产生灾难后果的方式来行事。如果一个无期徒刑犯没有被释放的机会了，那他可能会做出伤害其他囚犯和看守的事来。毕竟他还有什么能失去的呢？他会害怕被判两次无期徒刑吗？

往好的方面看，边际快乐的减少会在决策过程中引发其他影响。最重要的影响就是产生了在正域（positive domain）里的风险厌恶——换句话说，就是在体验到愉快感时的风险厌恶。

假设你已经赢得了一次为期两周的欧洲游，现在有一张彩票可以让你赢得为期一个月的旅游，也可能什么都赢不到，二者机会相等，那么你是否愿意用手里这张彩票来交换呢？我问过上千人这个问题，其答案都是不换。和不确定的一个月旅游相比，每个人都更愿意要确定的两周游。一鸟在手胜过两鸟在林。

大多数人都更愿意接受实实在在的 1000 元美元，而不是一张可能赢 2000 美元也可能什么都没中的机会相等的彩票。因为如果我们从价值函数的图上看，就会发现从 0 到 1000 美元的曲线变化比 1000 到 2000 美元的曲线变化更陡峭。

我们倾向于为了获得一笔明确的收益而规避风险，这就是为什么我们喜欢确定性胜过不确定性，以及为什么我们通常是在对自己有利的乐观情况下避免冒险。

还有一个概念是**获益分开**（segregation of gains）。芝加哥大学的博阿兹·凯萨（Boaz Keysar）和畅销书《哈佛幸福课》（*Stumbling on Happiness*）的作者丹尼尔·吉尔伯特（Daniel Gilbert）以及其他人都提出了这样的问题：将结婚日期选在和情人节同一天好呢？还是把两件事（婚礼和节假日）分开来更好呢？将去听音乐会和去公园野餐放在一天好呢？还是把音乐会跟野餐隔开几周更好呢？是在看篮球比赛的时候给孩子一次买两个球的冰淇淋好呢？还是分两次买，每次只给孩子买一球的冰淇淋更好呢？是一次生下双胞胎更让人高兴呢？还是先后生下两个宝宝更让人高兴呢？

大多数被问到上面这些问题的人们都会回答：先一个，再一个，这样会比两个一起更好。当获益被分开时，快乐会被放大。

如何享用杯中酒？小口啜饮乃最佳。如果我们将整杯美酒一饮而尽，我们会感受到图 21 中右侧箭头那种程度的快感。而如果我们慢慢啜饮，每次都只喝 1/4，总共分 4 口饮完，那我们就能每次都感受到图中左侧箭头那种程度的快感，一共享受 4 次。鉴于图 21 里的曲线坡度越到后面越平缓，所以相比一饮而尽的喝法，还是一杯酒分 4 次喝，每次只喝一点更好。

几年前，外交部派我到埃塞俄比亚和厄立特里亚开展了一系列讲座。在阿斯马拉（Asmara），我偶然发现了一家由当地珠宝商人开的精品小店，里面全是自主设计的精美绝伦的银饰品。我给我的妻子买了一套首饰，包括配套的耳环、手镯和项链。回到以色列以后，我先把耳环拿出来送给了她，一周后又送给了她那个手镯，再到两周之后把项链拿出来送给她。我的妻子每次看到我送她的首饰都会激动不已，并且问我为什么不把这三样成套的首饰一起送给她。我给她讲了**获益分开**的理论，她深以为然。

一年后，外交部又派我到尼泊尔去开讲座。我像之前那样给我的妻子买了一套有耳环、手镯和项链的首饰套装，只不过这次的首饰是用绿松石打造的。结果当我回到以色列的家中拿出耳环向她献宝时，我的妻子却对我说道："我已经知道你那个理论了，所以你可以把全套首饰一起给我了。"

假如你要送某人一个礼物或是发奖金或是给予其任何好东西，你就要把礼物分成几部分然后分次送出。你给服务员小费的时候如果能先给两张 20 元再给一张 10 元，那就会比一下子给一张 50 元的钞票更好。

芝加哥大学的经济学家，2017 年诺贝尔经济学奖的获得者理查德·泰勒（Richard Thaler）提出了这样一个问题：

有个人得到了一张彩票中了 75 元钱的奖金，第二个人得到了两张彩票，一张中了 50 元钱，另一张中了 25 元钱，那么哪个人更高兴呢？

有 18%的人说是前者更高兴，有 64%的人认为后者更高兴，其余人觉得两个人没有差别。

这体现出相比短时间内的（或只有一次的）巨大幸福，人们更喜欢持续时间长久的（或出现很多次的）小幸福。

另一个问题：

某人收到国税局发来的一份通知，说他欠税 100 元。同一天里，此人还收到了社保局发来的通知，说他欠了 50 元社保金。第二个人只收到国税局的通知说他欠税 150

元，那么哪个人感觉更郁闷呢？

76%的人说是前者更郁闷，16%的人说是后者，其余人说二者没有差别。

这体现出相比长期（或多次）遭受小苦小难，人们宁愿短期（或一次性）遭受大苦大难。

宁愿在短时间内忍受巨大痛苦，也不愿意长期忍受轻点的痛苦，这种现象就叫作**损失整合**（integration of losses）。

苦口良药怎么吃？要一口闷才好，这和品红酒不一样。用蜡纸给腿部脱毛的时候应该怎么撕下蜡纸呢？要干净利落一把撕下。

如果有人不得不让别人感到痛苦，那么最好把痛苦集中起来而不要分成几块。如果有人不得不解雇员工或者削减薪水，最好一次来个痛快，而不要拉长战线。然而，这种情况却与丹·艾瑞里自己的观察相反，"每一天，我都必须泡澡，这是为了拆开我的绷带刮去我的死皮和腐肉。护士会不间断地把所有敷料一起撕掉。那种感觉特别痛苦，但是护士却坚持认为一气呵成拆掉绷带是最好的方式"。

大约一年前，我的一个学生告诉我，他 18 岁的女儿患了癌症，不得不经历 8 次艰苦的化疗，然后在女儿做完所有化疗后，医生又说为了确保疗效，她还得再做 2 次。姑娘知道这些后就情绪崩溃了，并且坚决不再继续化疗，最终经过了很多次循循善诱、温暖关爱和不断劝说之后，她才同意继续疗程。姑娘后来痊愈出院了。

我认为医生应该先告诉她需要做 12 次化疗，然后在她做完

10 次之后再告诉她最后 2 次免除了。因为"12-2"看起来可比
"8+2"好太多了。这固然是一种操纵，但在这个例子里，结果不
也证明了操纵方式的合理吗？

在价值函数那张图的另一边，我们也能看到喜欢不确定性胜
过确定性的现象，以及人们甘冒风险的趋势。人们为了规避明确
的亏损而更愿意冒风险。

一群人被问到下面两个问题：

　　1. "你更想要哪个——是明确的 240 美元的收益，还
是一张有 25%概率中奖 1000 美元的彩票？"
　　2. "你更想要哪个——是明确的 750 美元的亏损，还
是 75%的概率损失 1000 美元？"

大部分人（87%）都不想要 750 美元的亏损，而宁愿要一个
亏损 1000 美元的机会。

一个被判入狱服刑一年的人，假如上诉后被无罪释放和被判
刑两年的机会一样，那么此人很有可能是要上诉的。

另一个想法和开销有关：原有开销在被附加到一笔大开销上
时就会显得更少。以色列本-古里安大学的奥费尔·阿扎尔
（Ofer Azar）发现，人们买辆二手车花掉几千元钱就心疼得不
行，可在购置价值几百万元的房产时却可以对同样花掉的几千元
钱连眼睛都不眨一下。

和很多事情一样，对一笔开销的权衡是相对的，而不是绝对
的。如果有人想要雇主把自己的老旧电脑显示器更换成平板液晶

屏，那他应该要求换一台新电脑。升级显示器的成本与更换新电脑的价钱一比较就显得很少了。对于一对买房子的夫妇来说，要确保请律师帮自己把关合同的律师费是包含在房价以内的。通常来讲，让卖家把所有额外费用都算在房价里会更简单，因为如果我们在已经商定了成交价之后再提要求，那卖家很难答应这个要求。

1980 年，在离开了一直居住生活的集体农场后，我工作的地方派给了我一辆车，但我们还需要再给我的妻子找辆车开。因为没钱，所以我们就去了一个二手车市场。根据预算，有两辆车适合我们。一辆是两门小车，要价 6000 美元；另一辆是四门的大车，要价 7000 美元。我的妻子想要那辆大点的车，她说："我们这段时间就只买这一辆车，所以我们就一步到位买那辆更贵的车吧，反正我们都是要贷款的。"我感到未来十年的预算都岌岌可危了，所以我问她："你真的认为一个车门值得花 500 美元吗？"然后我看到我的妻子的表情有一丝犹豫，最后我们还是买了那辆小点的车。

6000 美元和 7000 美元之间的差距虽然看起来很小。但多花1000 美元的差价让我们感觉和花很多钱一样肉疼。

当决策过程导致的是消极结果时，其和导致积极结果的决策过程会很不一样。表 21 总结了二者的不同之处。

表 21

积极结果	消极结果
边际快乐在减少	边际痛苦在减少
原有收入被附加到一笔大收入上就会显得更少	原有开销被附加到一笔大开销上就会显得更少

（续）

积极结果	消极结果
我们更喜欢快乐被分开给予	我们更喜欢痛苦被集中承受
我们喜欢确定性胜过不确定性且倾向于规避风险	我们喜欢不确定性胜过确定性且倾向于冒险
相比失败带来的痛苦，我们从成功中所获得的快乐要相对更少。	

总结

1. 如果我们已经做出了一个糟糕的决策还赔了钱，考虑到自己已经投入的资金而试图挽救投资从而继续追加投入是错误的举动。

2. 如果结果是积极的，我们就倾向于规避风险。如果想要让人们甘冒风险，那预期收益必须要比无风险情况下的收益高出很多，因为亏损的痛苦大于获利的快乐。

3. 如果结果是消极的，我们就倾向于冒风险。

4. 我们自身已经体验到的快乐越多，额外获利所带来的快乐就越少，因为边际快乐是在减少的。

5. 亏损越多，我们从额外损失中感受到的痛苦就越少，因为边际痛苦是在减少的。

6. 好东西应该被分成很多小块：美酒要慢慢品。

7. 坏东西应该使用"拆绷带"（Rip the Band-Aid off）法一起处理，比如苦口良药就得一口闷。

8. 原有开销在被附加到一笔大开销上时会显得更少。但应该把两笔开销分别处理，也只有这样才能对每一笔开销做出合理的决策。

9. 人们不卖亏损的股票，是因为额外亏损对他们的伤害少于收益回本和收支平衡带给他们的预期快乐。

10. 如果一个人预测到了股票走势不利好而必须卖掉股票，即使最近股价大幅下跌那也得卖掉。如果预测到股票走势利好而必须继续持股，那么即使最近股价大幅上涨也最好不要卖。

11. 一笔开销的实际经济价值是绝对的而不是相对的。旅途中多花 300 元钱订了更好的酒店，其实与多花 300 元钱买房子是完全一样的。

第25章 失败之苦甚于成功之甜

在图 21 的价值函数中，我们能看到坐标轴左侧和右侧是不对称的，即正向和负向两边是不对称的。失败之苦比成功之甜更甚。人们因亏损而感受到的痛苦比起因收益而感受到的快乐更大。

图 22 中展示的是一张彩票，这张彩票要么中奖 180 元，要么亏掉 100 元，二者概率相同。我问过的大多数人（也包括我自己在大多数时候的选择）都不想买这种彩票，即使预期收益——平均收益——为正且等于 40 元。

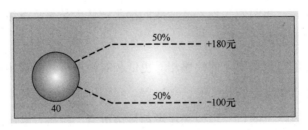

图 22 彩票的例子

因为我们的预期里亏了 100 元而要承受的痛苦比赚了 180 元而要感受到的快乐更加强烈。这种损失显得比等价获益更大的现象就叫作**损失厌恶**（loss aversion）。根据这一理论，损失带来痛感与赢钱带来快感的比率是 2∶1，也就是说，由亏掉 100 元引起的痛苦强度与赚到 200 元引起的快乐强度是相等的。

在一个特定的实验中，假想的陪审团要对于某人因车祸受伤应该获得多少赔偿而做出判断。研究被试扮演的陪审团已知受伤者的详细情况，他们要评估受伤者应获得多少合理赔偿，这一组被试评估后给出的平均赔偿数额是 15 万美元。另外一组被试的任务与此类似，但被试并不是评估那个受伤者应获得多少赔偿，而是要评估假如是他们自己经历了同样的车祸会要求多少数额的赔偿。

两种情况下的问题其实都是"赔偿的金额应该是多少？"，但是第二种情况的结果就变成了 33 万美元——差不多是第一种情况的两倍多。对第一组问题的评估是一个伤者应该得到多少钱才能感觉自己是个没有受伤的人，对第二组问题的评估则是受伤的成本是多少，或者说一个还没有受伤的人要多少钱才能同意自己被伤害。事故发生前可能造成的损害被认为是事故发生后已经造成损害的两倍。

人们对积极事物的快感相对更低和对消极事物的痛感相对更高，这点也会影响我们的谈判过程。我们以和敌军的和平谈判为例，我方给出的每一项谈判让步都显得很大，而敌方给出的任何一项谈判让步都显得很小。

很多研究都是针对人们愿意支付的最高价格与放弃同一事物而愿意支付的最低价格之间的差异。我们卖出东西的价格通常都比我们愿意买入这东西的价格更高。这种现象叫作**禀赋效应**（endowment effect）。

该领域中一个更广为人知的实验是马克杯实验：康奈尔大学经济学系的学生被分为两组，一组人收到了印有学校标记的马克杯，另一组人没有收到杯子。收到马克杯的人同意将杯子以 7 美元的均价出售，而另一组没收到杯子的人同意以 3 美元的价格购买。那么，杯子的真正价钱是多少呢？是它的买入价还是售出价呢？

提出禀赋效应一词的理查德·泰勒还举了另一些例子。

当托尼太太正在纠结是否要买个特定设备时，售货员走过来建议她先买下来，并且告诉她如果用着不满意，在两周之内退掉即可。因为售货员知道托尼太太一旦用惯了这个设备，那时候再想弃之不用可就比当初不买更难了。

施皮格尔先生是一位葡萄酒发烧友，他在 1970 年曾以每瓶 5 元的价格购入了一箱 12 瓶装的精酿葡萄酒。多年以后，一位葡萄酒收藏家愿意用每瓶 100 元的价格收购。但施皮格尔先生拒绝卖掉这些精酿葡萄酒，哪怕他自己从未以每瓶高于 35 元的价格买过葡萄酒。

埃尔德·沙菲尔和理查德·泰勒询问了多位葡萄酒收藏家，一瓶在 25 年前以 20 元购买的酒现在能值多少钱，收藏家们都说目前的市价是 75 元一瓶。他们还问了一些收藏家，如果自己把酒喝了或者作为礼物送给朋友了，那估计这瓶酒值多少钱，以及估计一下如果酒瓶摔碎了还能值多少钱。

第一种情况下，也就是自己把酒喝了或者送给朋友了，其中只有 25% 的人会说每瓶价值 75 元。相反，第二种情况下，也就是把酒瓶摔了的人中有 55% 的人认为每瓶价值 75 元。更多的人认为酒摔了也比喝掉它或送礼更有价值。

情绪也对禀赋效应有很大的影响。张（Zhang）和菲什巴赫（Fishbach）的研究发现，当人们处在负面情绪时，禀赋效应尤其明显。在他们开展的研究中，共有三组被试。

第一组被问到一些引起负面情绪的问题，比如"你是否失去过非常亲近的人？""你经常感到自己被忽略吗？"

第二组被问到一些中性的问题，比如"美国有多少个州？""美国第一任总统是谁？"

第三组被问到一些可笑的问题，从而引发出正面情绪，比如"一匹斑马找了一只鳄鱼做伴侣会发生什么？"

所有小组成员都回答完问题后，被试要对购买一支优质钢笔给出一个自己愿意支付的最高价，还要给出一个自己卖掉钢笔愿意接受的最低价。问卷结果如表 22 所示。

表 22   不同情绪下人们对同一根钢笔的买入价和卖出价

	情绪		
	负面	中性	正面
买入价	0.85 美元	1.69 美元	1.85 美元
卖出价	3.4 美元	2.76 美元	1.58 美元

表 22 表明，随着情绪的改善，买卖价格之间的差异在减小：处在负面情绪时买入价格最低，而处在正面情绪时买入价格最高。反之，处于负面情绪时卖出价格非常高，而处于正面情绪时卖出价格非常低。这告诉我们禀赋效应在情绪偏负面的时候非常明显，而在情绪偏中性的时候会弱化，当情绪偏正面的时候禀赋效应会出现逆转。

顺便说一句，已有研究发现**损失厌恶**和**禀赋效应**都不只是人类独有的特质。

在针对猴子如何选择苹果片的研究中，我们发现猴子也是依照该理论行事的——失去一片苹果比获得一片苹果的感觉更加难受。与之类似的，那些得到水果的猴子们更愿意吃掉苹果片，而不是用苹果片去交换谷物，而给了它们谷物之后，它们也更愿意吃掉谷物，而不是用谷物交换苹果片。

总结

1. 格劳乔·马克思（Groucho Marx）和伍迪·艾伦（Woody Allen）都说过他们不想加入那些同意他们加入的俱乐部。当我们并不拥有某件东西时，其价值总是看起来超过我们拥有它的时候。车子、房子和爱情都是如此。

2. 相比我们愿意卖出的价格，我们只愿意支付更低的价格买入同样一件东西。这会促使我们思考这件东西对于我们的真正价值有多少。

3. 相比我们对获益和成功引起的快乐所进行的评估，我们会对损失和失败引起的痛苦进行夸大，这种不对称性阻止了我们去冒风险。

4. 尽管我们的情绪告诉我们并非如此，但是没有进入自己口袋的钱和从自己口袋流出的钱具有同等价值。

5. 在谈判中值得记住的是，我们给予的东西看起来要比接受方认为的更昂贵，而我们接受的东西看起来要比给予方认为的更廉价。

6. 不管和谁做生意都要保持良好的氛围，这样对方就会更愿意以低价卖出，也愿意以高价买入。

7. 营销人员在使用不满意可以退货来促销商品时就是在运用禀赋效应。这会使得买家更容易购买商品，因为毫无风险。而一旦商品成了买家的个人财产后，买家再放弃拥有该商品会变得比之前购买该商品更加困难。

第 26 章　我们喜欢维持现状

40 年前我在美国完成了学业后回到以色列。美国的银行都有一个优良传统，就是在每个月的月底会向客户发送所有使用过的支票。这项服务是为了让客户确认每一笔支出，同时也使得监管个人开销更加容易。

在我回到以色列之后，我发现只有一家银行给客户发送支票确认。这家银行叫作美国—以色列银行。我是因为这个原因才去这家银行开立了账户，结果几个月之后，这家银行却停止了这项重要服务，但我仍然继续做了很多年这家银行的客户，直到它被另一家银行兼并。

我在和报刊订阅商、互联网服务供应商以及一家移动电话公司打交道的时候也发生了类似的事情。换一份报纸其实还算是相对容易的事情，但你总归还是要适应新的报纸排版格式。而更换互联网服务供应商或者更换移动电话公司就有点复杂了：直到最近为止，如果你要换别的移动电话公司，你不得不变更邮箱地址，还要通知到每一个人你换号了。

移动电话公司都反对电话号码的可流动性，根据他们的说法，这种反对是有道理的。他们认为号码的可流动性会削弱"现状偏好"（status quo bias）——即倾向于待在我们正处在的同一情境中而不想改变。

那些一直待在同一个地方的人通常都不会扰乱周围的环境或对手。如果某个城镇的风俗是周日下午不得制造噪音，那么这个时段里大声外放收音机的人就会遭到周围人的抱怨。

1962 年 10 月 15 日，一架美国侦察机发现古巴正在建造核火箭基地，位置就在距离美国仅 120 英里的地方。此时正处于美苏两国冷战的鼎盛时期，让人害怕的是一旦美国给予主动回应则很可能导致第三次世界大战。肯尼迪总统在顾问的帮助下决定采纳现状政策：他没有主动向古巴或苏联开火，而是对古巴实施了船只抵制，宣布靠近美国沿海的所有船只都将接受检查，一旦发现武器装备，船只将不得继续航行。

实施船只抵制是一种被动行为，也是一种维持现有状态的行为。而试图突破船只抵制将成为使情况恶化的主动行为。

本-古里安大学与希伯来大学的研究人员做过一个有趣的研究，他们调查了守门员在应对点球时的行为。研究结果很有意思，研究者发现在大多数情况下，守门员都会扑向来球的反方向，而如果他们留在原地，却反而能够拦截到更多的点球。其原因就是守门员们都想要给大家留下自己非常努力主动出击拦截射门的印象，如果他们留在球门中心不向外扑球，就会显得好像他们没有尽全力一样。

来自加拿大维多利亚大学某个班级的学生们要在两个礼物选项中选择一个，要么是一个印有自家大学校徽的漂亮杯子，要么是一根好吃的瑞士巧克力棒。有一半多的学生（56%）选择了马克杯作为礼物，其他学生则选择了巧克力棒。另一个班级的学生则是从一开始就被发了马克杯作为礼物，几分钟之后，再问他们是否愿意把马克杯换成巧克力棒。有相当多数量的学生（89%）都选择继续保留自己的杯子。第三个班级的学生是从一开始就被发了巧克力棒作为礼物，几分钟之后也被询问是否愿意把巧克力棒换成马克杯，绝大多数学生（90%）都选择了保留自己的巧克力棒。

总结一下就是学生们只是更喜欢自己已经拥有的东西。结果证明，无论是对于一开始收到马克杯的人，还是对于一开始收到巧克力棒的人来说，换成别的东西都不值当。

这种**现状偏好**可能会使人们变得停滞不前或僵化不动。下面给大家讲个军事的例子：

有传言说一名以色列的炮兵指挥官在造访英国期间观摩了英军的发射训练。当英军指挥官大喊"开火！"的时候，一位炮兵中士举起了手好像在空中抓着什么东西似的。以色列炮兵指挥官询问他为什么要把手举起来，他很震惊地问："难道以色列的炮兵们在开火时都不举手吗？"以色列炮兵指挥官向更低级和更高级的军官都问了这个问题，但是没人知道为什么要举手。到了晚上，以色列炮兵指挥官遇到了一位英国老炮兵，这位老兵甚至还参加过第一次世界大战。当他询问老兵这件事时，老兵回答说："在我们那个年代，如果不伸手把马拽住的话，一开火马就会受惊蹦起来。"

在上一章里我们看到了，损失带来的痛苦大于收益带来的快乐，任何东西的卖出价都高于它的买入价。用另一件物品替代了原有物品的人虽然能享受到拥有新物品的快乐，但也要承受放弃原有物品的痛苦。与失去某样东西的痛苦相比，获得某样东西所能感受到的快乐更少。正因如此，我们倾向于维持原状不变。换句话说，我们倾向于不做改变。人们倾向于维持原状是因为，被动地决策维持现状要比主动地决策去改变更容易。

现状偏好还和遗憾有关：决策越积极，越会偏离现状，越会在事件失败时感到悔恨。即使我们会从积极决策的成功中感到更多快乐，但我们仍然会倾向于维持原状且不会改变我们的决策，因为快乐和痛苦之间缺乏对称性。

举一个让人心痛的例子——器官捐献。有些欧洲国家规定，如果一个人自愿捐献器官，那他必须要提前做出声明（这些国家可在图 23 中的左侧看到），例如荷兰与德国，这些国家的器官捐献率在 4%～28%之间。另一些欧洲国家则规定，如果一个人不

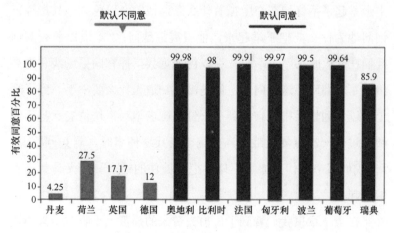

图 23　不同国家器官捐献百分比

愿意死后捐献器官，则必须提前声明（这些国家可在图 23 中的右侧看到），像瑞典和奥地利就是这样，这些国家的器官捐献率都在 86%～100%之间。

对于左侧国家，如果法律做出调整变成国民如果不想捐献就必须做出明确声明，大多数国民仍会避免做出声明，最终结果就会呈现为更多人会志愿捐献自己的器官。

加利福尼亚大学的什洛莫·贝纳茨（Shlomo Benartzi）和理查德·泰勒在研究与储蓄相关的决策时报告说，根据不同的初始默认选择，人们在投资养老基金的比率上也存在巨大的差异。当初始默认选择是"除非你另有决定，否则不要投资"时，选择投资养老基金的人数只有 20%，而当初始默认选择是"除非你另有决定，否则就进行投资"时，选择投资养老基金的人数则增长到了 90%。

当人们有更多选择可供考虑的时候，选择维持现状不变的趋势也会增长。阿莫斯·特沃斯基和埃尔德·沙菲尔向一组学生询问他们更愿意选择下列哪个选项：

A：去图书馆复习，为两天后的一场难度很大的考试做准备。

B：去听一场自己最喜欢的作家的讲座。

结果有 60%的人选择去图书馆复习，有 40%的人选择去听讲座。

另一组学生则被问更愿意选择下列哪个选项：

A：去图书馆复习，为两天后的一场难度很大的考试做准备。

B：去听一场自己最喜欢的作家的讲座。

C：去看一场自己最喜欢的歌手的演唱会。

结果有 80%的人会选择去图书馆复习。如果他们选择去听讲座，就会遗憾自己错过了演唱会，而如果他们选择去听演唱会，又要遗憾自己错过了讲座，所以索性不如去好好学习吧！耶路撒冷希伯来大学的伊兰·亚尼夫和雅科夫·舒尔（Yaacov Schul）做了几个实验来研究当某个问题可能有不止一个正确答案时，情况会怎样。一些被试要在一长串答案中圈出哪些答案是正确的，而另一些被试则要圈出哪些是错误的。

举个例子，研究者先向被试描述某个人，包括此人曾在童子军营地当辅导员，曾经在医院做志愿者，或是某个人经常组织派对和社交活动，偏向独立自主做决策。人们觉得他有种老板风格，因为他喜欢管事。他与别人的合作也很愉快，是一个不错的团队带领者。对他来说，选择一个能将独立性与一定程度的责任感融合起来的职业是很重要的，这个职业还要包括与其他人合作。

被试要从一个长列表中选择或排除此人适合或不适合的职业，比如学校校长、遗传学家、旅行社代理、外交官、模特、电台记者、数学家、社工。

从合乎情理的角度来看，我们原本预期的是，被选为合适职业的数量与被选为不合适职业的数量相加能与列表中所有职业的总数相等。然而，研究显示被选到的数量加起来少于所有职业的总数。原因在于，当人们不确定一个职业是否匹配候选人时，他们会避免选择这项个职业，而当人们不确定一个职业是否不匹配候选人时，他们也会避免剔除该职业。

　　该研究显示在两项决策任务中，结果怎样还取决于信息被如何分类。不管用怎样的方式，适合的职业都多过不适合的职业。由此我们得知，任务流程中的消除与包含并不是互补的。正如下面的研究所示，这一现象也暗示了人们在谈判过程中的让步意愿。

　　这次伊兰·亚尼夫是和伊法特·马奥兹（Yifat Maoz）、纳玛·伊夫里（Naama Ivri）得到了类似的研究结果，他们研究的议题是从巴勒斯坦当局利益的角度出发而放弃以色列定居点。第一组组员拿到手的是位于绿线另一边（西岸）的 40 个定居点，要求他们具体说明为了达成和平协议的目标，他们认为其中的哪些定居点应该被移交给巴方。另一个组的组员拿到同样的 40 个定居点名单，但要求他们标出自己认为不应移交给巴方的定居点。

　　该研究又出现了这一现象：应移交给巴方的定居点的平均数量与应保留的定居点的平均数量加起来并不等于名单上定居点的总数。当被试不得不从初始名单里标出那些不该被放弃的定居点后，剩下的 23 个定居点是他们认为应该移交给巴方的。而另一种情境下，当要求被试标出那些应该移交出去的定居点时，平均只有 13 个定居点被标示。第一种措辞会导致更加温和的立场（愿意放弃更多的定居点），而第二种措辞会导致更顽固的立场（愿意放弃更少的定居点）。

　　你可以用下面的问题来实践该现象：表 23 中列出的名单是各个城市名。你要在该名单中圈出那些你认为**是首都**的城市。真正的首都城市名单参见本书附录。等你完成后，再翻到表 24 那页，你会看到一个相同的名单，你再找别人去圈出那个名单里所有他们认为**不是首都**的城市。

表 23　以下哪些城市是首都？

阿比让	达卡	墨西哥城	圣保罗
阿姆斯特丹	日内瓦	蒙罗维亚	上海
奥克兰	胡志明市	蒙特利尔	悉尼
柏林	伊斯坦布尔	孟买	特拉维夫
布宜诺斯艾利斯	耶路撒冷	内罗毕	多伦多
开罗	约翰内斯堡	纽约	的黎波里
开普敦	卡拉奇	金边	华盛顿
卡萨布兰卡	阿布贾	平壤	仰光
科伦坡	利马	基多	卢萨卡
达累斯萨拉姆	伦敦	里约热内卢	苏黎世

　　除了具备保留原状不变的倾向以外，我们还有一种倾向是忽略那些能证明我们之前决策有误的信息，以及寻找那些能确认我们决策正确的信息。这一现象叫作**确认偏差**（confirmation bias）。

　　普林斯顿大学的利雅特·亚里夫（Leeat Yariv）甚至更进一步，提出了"我见故我信"的反面，她认为大多数人都是这样反其道而行之的，即"我信故我见"。

　　警方的调查取证过程中理所当然地会出现**确认偏差**。一旦警方找到了头号嫌疑犯，所有的努力都是以确认其罪行为导向的，而不再是搜查其他可能的嫌疑犯。雷蒙德·尼克森（Raymond Nickerson）表示，**确认偏差**可以从生活的方方面面找到，从 17

世纪的政治迫害，到健康和法律，直至现代科学的最新研究结果中均存在确认偏差。

总结

1. 每个人都可以什么都不做，如果情况不是特别糟糕的话，人们倾向于维持原状。

2. 人们不喜欢变化，因为变化是一种主动行为，是会在失败之后提高遗憾强度的行为（但也会增加成功之后的愉悦）。

3. 变化意味着我要为了一些我没有的东西而放弃一些我拥有的东西。由丧失带来的痛苦通常会比获得替代物所感到的快乐更大。

4. 选项越多，人们选择维持原状的可能就越大。

5. 甚至对变化进行深思熟虑的行为本身也是一种决策。

6. 因改变了决策而产生的遗憾与快乐，强过因没改变决策所产生的遗憾与快乐。

7. 由变化产生的预期损失看起来要大于它的预期收益。

8. 在当下情境中的投入越大，我们就越倾向于要维持当下。

9. 我们与其花时间去证明之前的决策正确，不如去寻找之前决策错误的原因。

表 24　以下哪些城市不是首都？

阿比让	达卡	墨西哥城	圣保罗
阿姆斯特丹	日内瓦	蒙罗维亚	上海

（续）

奥克兰	胡志明市	蒙特利尔	悉尼
柏林	伊斯坦布尔	孟买	特拉维夫
布宜诺斯艾利斯	耶路撒冷	内罗毕	多伦多
开罗	约翰内斯堡	纽约	的黎波里
开普敦	卡拉奇	金边	华盛顿
卡萨布兰卡	阿布贾	平壤	仰光
科伦坡	利马	基多	卢萨卡
达累斯萨拉姆	伦敦	里约热内卢	苏黎世

第六部分

决策中的情绪与直觉

第 27 章　心理账户

几年前，我要去南美洲做一系列讲座。我和妻子说："既然我们都到南美洲了，不如我们去科隆群岛玩玩吧。"

"飞到科隆群岛的机票很贵的，你在南美洲做讲座的费用够我们去那玩吗？"

"不够。"

"那我们怎么去呢？"

"我们回到以色列之后，我会去特拉维夫附近的一个小镇做讲座，我们可以用那笔钱来支付费用。"

然后我的妻子的小脑袋瓜里就开立了一个名叫南美洲的心理账户。账户的资金来源是我即将从讲座中得到的报酬，账户的使用支出包括旅行费用、酒店费用、食物等。如果使用支出超过了资金来源，我们就没法负担这趟额外旅行的费用。

我们的这种偏好就叫作**心理账户**（mental accounting），即我们不得不给每个事件、旅行、交易、股票单独开户，并使其达到收支平衡后再销户。这个词也用来描述通过忽略其他话题或账目而决定某些问题的偏好。

比如，我和妻子是否去科隆群岛旅游的决定只取决于同一趟行程的收入，我们忽略了自己的其他资产和所得收入。

心理账户是不同资金来源被分离后的结果。有的人一进入赌

场就会从钱包里拿出一定数额的钱单独放在衣服口袋里，比方说
200 美元，这个钱就是他们用于赌博的预算。由这笔赌博预算产
生的收益（虽然通常不会有收益，但假如有的话）也会放进衣袋
里而不是放回钱包里。这些钱会构成一个单独的账户——赌博预
算。不同来源的资金有不同的使用目的。如果我们把自己辛苦挣
来的钱输给了赌场，我们就会把这视为一种亏损，但如果我们是
把赌场里赢来的钱，或是买彩票中的奖金，或是大街上白捡来的
钱输给了赌场，我们就不会将其视为亏损。

　　婚礼结束了。新娘在典礼中换了三套礼服（全套服装一共花
费 9000 美元），新郎穿着白色西装，看起来就像是芝加哥的酒吧
歌手，整个晚上都汗流浃背，兴高采烈。就在新郎讲出"我愿
意"的闪亮时刻，一群白翅蝴蝶从会场的西北方向飞入并最终落
在了新娘露出的右肩上。宾客们大快朵颐（婚宴食物都是新娘本
人和新郎的母亲经过认真试菜后挑选出来的），享受着石榴酱汁
浸野鸡肉和洋蓟菜心。音乐播放师（3000 美元请来的）大喊着：
"现在让我们以热烈的掌声欢迎新娘新郎为大家献舞。"简单来
说，就是每个人看起来都很开心，虽然新郎的母亲和新娘的父亲
的脸上隐隐有一丝担忧，因为他们最清楚真正的考验还没来呢。

　　年轻夫妻回到了男方父母为他们买的公寓里（当然是在签了
婚前财产协议之后），紧张局势达到了顶峰。夫妻俩脱下了结婚
礼服、冲了澡，然后真正的考验开始了。

　　男方打开一个个信封拿出里面的支票，女方写下每张支票的
名字和金额。夫妻关系那点事儿必须要让位于金钱和计算。

计算结果惨淡：婚礼花费了 51000 美元，而收到的礼金只有 35000 美元（如果我们将某位客人自制的油画和艺术烛台忽略不计的话），这意味着有 16000 美元让人痛心的亏空，他们共同的人生之旅从一开始就迈错了脚。

新婚妻子给娘家父母打电话哭诉了这笔可怕的亏空。我可以继续给出所有开销和进账的明细，但这次婚礼到底是赚是赔真的有那么重要吗？婚礼是一笔财务交易吗？是创业投资吗？

举办婚礼是个花钱的事儿，就像我们在餐馆吃饭一样，想吃到美味的食物就要多付费。如果我们单点了葡萄酒，也是要为酒付费的。为什么我们一定要将婚礼礼金与婚礼花销联系在一起呢？婚礼的"进账"并不是为婚礼的"开销"提供资金的。我们错误地在头脑中开立了一个叫作"婚礼"的心理账户，不断地记账。当我们在一家不错的餐馆美餐一顿后，我们可能会说，"这顿饭吃得物有所值"。进餐带给我们的快乐使得高昂的餐费合理化。那为什么对一场婚礼我们就不这样说呢？

一个人投资了两只股票：在 A 股票投资了 10 万美元，在 B 股票也投资了 10 万美元。两年后，这个人需要 5 万美元，他在检查账户的时候发现，A 股票跌了 20%，现在的价值只有 8 万美元了，但是 B 股票涨了 10%，现在价值 11 万美元了。正如之前提到的，人们更容易过快卖出盈利的股票，却对亏损的股票持仓太久。因此我们故事中的主人公也卖掉了部分 B 股票。

一年后，此人又需要用钱了，这次是 4 万美元。他很不走运，A 股票持续暴跌，现在只值 6.5 万美元了，而 B 股票又升值了 10%，现在估值 6.6 万美元。他再次决定卖出 B 股票，哪怕这只股票所属的是一家正在盈利的公司，而他坚持继续持有 A 股票，哪怕该股票所属的是一家正在亏损的公司。

现在我们会开立一个心理账户并播放一段此人与 A 股票的平静对话。"你怎么看我在赔钱的时候卖掉你这个决定？你觉得咱俩（此人和 A 股票）谁会赢？"

A 股票就好像是要故意看他的笑话一样，继续下跌，最终仅价值 3 万美元了。

"我不会卖掉你的，"他对 A 股票说，"至少在你涨回到买入价格之前我是不会卖掉你的。"

但是所有这些做账都做错了位。除了在决策是否继续投资该股票的时候要计算收益外，其他时候计算该股票或任何其他股票的收益都没有好处。买入股票的目的是整个投资组合的未来收益最大化，而不是单独计算每只股票的收益。

卡尼曼和特沃斯基问了人们这样一个问题："想象一下你打算用 125 美元购买一件夹克，并用 15 美元买个计算器。卖计算器的售货员告诉你，你想买的这款计算器在另一家分店正打折，只需要花 10 美元，分店距此有 20 分钟的车程。那么你会去那家分店买吗？"有 68% 的人都回答说会的。

第二组人被问到的问题是："想象一下你打算用 125 美元购买一个计算器，并用 15 美元买一件夹克。卖计算器的售货员说你想买的这款计算器在另一家分店正打折，只需要花 120 美元，分店距此有 20 分钟的车程。那么你会去那家分店买吗？"这次只有29%的人说他们会换到另外那家店去买。

这两个问题有什么差别呢？两个问题情境中都是为了省下 5 美元而要开 20 分钟的车啊。其实差别就是在第一个问题情境中，省下的钱相当于减少了计算器原价的 1/3，而在第二个问题情境中，只是节省了相对很少的花费，就只减少了4%。

正如前面几章里讲到的，我们估算结果的方式是相对的，而不是绝对的。省了多少钱是要靠百分比来测量的，而不是靠金钱的数额来测量。当然，从经济学立场来看，这是个谬误——交易和契约应该根据金钱的绝对数量被分析测量，而不是根据其相对的百分比。

向一组被试询问以下问题："想象一下你决定去看一场演出并支付 10 美元的入场费用。你在到达剧场时发现自己把票弄丢了。门票不是对号入座的，也没办法全额退费。那么此时你会再花 10 美元新买一张票吗？"46%的人回答说会的。

第二组被试被问到的问题是："想象一下你决定去看一场需要现场购买 10 美元门票的演出。你在到达剧场时发现自己弄丢了一张 10 美元的支票。请问此时你还会花 10 美元买票吗？"88%的人回答说会的。

在第一个问题情境里，我们记在账上的是"文化预算"损失 10 美元。而在第二个问题情境里，我们记在账上的是"杂项预算"损失 10 美元。如果我们打算一年观看 8 场演出，把票弄丢就意味着这一年我们只能看 7 场演出了。但如果我们是把钱弄丢，则根本不会将其和观看演出挂钩。

　　泰勒将**获得效用**（acquisition utility）和**交易效用**（transaction utility）二者做了区分。**获得效用**是指从购买某物中获得的合理利益，通过比较产品价值与产品价格而获得的快乐。如果有人要我花 30 美元买个无线鼠标，我会先权衡一下拥有无线鼠标的快乐值不值得我支付 30 美元，如果值当，那我就买下该产品，如果不值，我就不买。

　　而交易效用与获得效用不同，它是通过比较支付总金额与某个参考点所获得的情绪上的愉悦。

　　有人会在国外买了东西后还要去国内商店比价，这样就会知道自己省下了多少钱。如果他们发现自己在国外购买的商品的价格比国内的商品价格更低，心里就会感到极为舒适。

　　泰勒讲了这样一个故事，有位女士想给自己的床买个床罩，当她来到商店里时，发现自己想买的那个床罩正在打折。商品有三种规格：中号、大号、超大号。打折前的原价分别是 50 美元、70 美元和 80 美元，但现在不分规格全都卖 30 美元了。

　　该女士的床的尺寸是中号的，但她最后却买了超大号床罩。因为她在头脑中建立了一个方程式来比较打折前和打折后的价格，结果发现床罩的原价越高，她从交易中的得利就更高，那她当然不能错过这样一次可以节省 50 美元的机会啦。

　　埃尔德·沙菲尔和理查德·泰勒两人曾合著过诸多引人入胜的文章，并在其中一篇文章中描述了下面这个故事。

　　　我们中的一人最近买下了一所房子，里面自带一个工业用的没有隔热保护的炉子，因此这个炉子是违反居民住宅规范的。在漫长的寻找买家的过程中只有一家还有点希望——就是附近一家咖啡店的店主，他正想要扩大经营。那我们应该给这个炉子开价多少呢？现状就是炉子已经用了几年，原本挺值钱，一手价格要 1000 多美元但对我们毫无价值，并且目前还未出现其他可能的买家。

双方（一边喝着上好的咖啡一边吃着精美糕点）进行了亲切友好的议价并很快就达成了协议。那就是店主会给我们一些特别划算同时对他来说又不贵的东西：他咖啡馆的礼品券。

我们在接下来的几个月里就频繁地光顾这家咖啡馆，手握大把的精美礼品券，每张能抵 5 美元，还长期有效。这让我们感觉那里的咖啡、饼干和早餐都像是免费的一样。实际上，我们还会定期在这家店招待很多好朋友（且被招待的朋友名单有增无减），以往那种大家互相请客的规矩似乎也不再继续了。那些不知道我们有礼品券的人会觉得我们特别慷慨，而那些知道我们有券的人则认为我们请客是理所应当的——事实上，如果我们拥有所谓的"免费"礼品券但是还要让他们出钱的话，他们会觉得我们又小气又抠门。

到底是什么让他们觉得这些优惠券与众所周知的等价现金那么不一样呢？如果我们把券都弄丢了，而不是像自己打算好的那样去使用它们，我们还能这样洒脱吗？如果咖啡店的店主是用现金买走炉子的，那我们对朋友还会这么慷慨吗？以及，如果我们给了朋友一张优惠券，那这张券是原价购买来的，或是通过其他方式获得的真有那么重要吗？

金钱是没有香臭之分的。钱就是钱，不同渠道获取的金钱没有什么差别。但实际上，我们会把辛苦赚来的钱与大街上捡来的钱区分得很清楚。我们获得的礼券是用我们本来就不想要的东西换来的，这让我们拿着礼券时没有拿着现金的那种感觉。从口袋里掏真实钞票出去和用根本没进过钱包的代钞支付，在认知上还是很不一样的。

大约一年前，我应邀为以色列心理健康急救部（MHFA）北方分部的员工们开一次讲座。出于向他们无与伦比的工作的致敬，我欣然同意免费开展讲座（相当于没要 1000 多美元的讲座费），但我却请他们报销我的 50 美元交通费。我为什么要他们给我付交通费呢？我自己付不起这个钱吗？我就不能把它当成是给 MHFA 的一笔捐款吗？

这个问题的答案就涉及了我们在本书第五部分讲过的零错觉。而这正是慷慨之人与蠢笨之人的差别。之前放弃讲座报酬 1000 多美元的行为让我感觉自己是个非常慷慨的人，这属于一笔根本就没进过我钱包的钱。而那 50 美元则是我要自掏腰包的一笔钱，如果我自己垫付就会让我感觉自己是个蠢货。

下面这个故事，我给两组被试讲的时候会稍有不同，故事叫作：鞋子的价格。我给第二组被试讲的版本会用方括号括起来。

想象一下，你在大约一年前花 55 美元买了一双鞋［大约一年前花 250 美元买了一双鞋，你通常是不会花这么多钱买一双鞋的，但是］，在买鞋的时候，你非常喜欢这双鞋，觉得自己会经常穿着。结果，你穿了几次之后发现这双鞋磨脚。鞋还是好鞋，可它已经被你束之高阁冷落了 11 个月了。现在你正收拾东西准备把它捐掉，你有多大可能会把这双鞋捐掉呢？

在从 1 分（代表完全不可能）到 7 分（代表非常有可能）的量表中，那些听到的故事版本是便宜价格的组员，其平均分为 4.88，而那些听到的故事版本是昂贵价格的组员，其平均分仅为 3.08。

对我们而言，要捐出一双自己虽然不穿可又花了巨款购入的鞋子，可比捐出一双便宜的鞋子难多了。捐贵鞋子时亏钱的感觉也更明显，但实际上不管鞋子是贵还是便宜，我们都不会穿的啊。

我们不是只在钱的问题上才会开设心理账户。卡路里也是一个容易让我们做些非必要计算的领域。有的人会在出国期间打破所有饮食限制。"我现在可是在度假啊！"就像在国外要用单独的外币账户一样，也有所谓的"国外卡路里"，而这是不用考虑进总热量值里的。我们会和自己讲，那是一个不同的热量账户，以国内热量账户计算的话我其实是减重了，而我增重的部分只会计入我在国外的账户。

我们就是这样行事的——仿佛各个账户都是独立的；仿佛所

有的钱不会都流入同一个口袋，仿佛所有的食物不是都吃进一个胃里面。这是因为情绪欲望在控制我们，要把自己武装起来好去和那些一成不变的可又必须遵守的道理对着干。我们在旅行的时候就是想要放纵享乐一番，而不去考虑节食或者省钱，所以我们就会开立一个新的账户；在这趟旅途中这个新账户是和原始账户没有关联的。但不幸的是，我们旅行结束以后，所有的账户都汇总到了一起。钱包还是那一个钱包，胃也还是那一个胃，直到下次旅行时人们再分开做账。

总结

1. 就像本章说到的，享用美食或者举办婚礼之后，最好不要算钱，尽情投入开心就好。

2. 做预算就是在做掏钱的决定。大多数情况下做预算并不会有得利。如果有一笔钱看起来花得物有所值，那花这笔钱之前人们一定是有预算的。

3. 如果一杯咖啡在机场里卖 8 美元，而我们就是想要喝它，那么在机场外的咖啡卖多少钱都不重要。

4. 我们的目标是要买到需要的且不贵的东西，而不是去买折扣力度最大但自己并不需要的东西。

5. 使用很久以前买的商品有时候可以看作是在免费使用，甚至是在帮我们省钱。

6. 提前买好一件特殊商品，比如在举办一个喜庆宴会的前几年提前买好酒，可被视为一种投资，而不是消费。

7. 如果商品没有按之前计划好的方式使用，比如打碎了一瓶葡萄酒，那暂时休眠的心理账户就会突然重启，新的费用将被视为商品成本，叠加到之前的成本之上。

8. 持续使用一件可长期持有的商品，比如私家车或洗衣机，并不被视为一种开销，而被视为免费使用，尽管我们忽略了这其实是一种摊销而且正是因为之前的消费行为才使得我们不用再花钱给出租车或洗衣店这类代替性商品。

第28章 有人会给自己买一盒巧克力吗

一位职场上的好伙伴打算跳槽换工作了，和他关系好的朋友们凑了 100 美元份子钱要给他买个离职礼物，因为知道他喜欢高档葡萄酒，所以大家就决定买葡萄酒送他。如果是你，你会建议买什么礼物送这位朋友呢？

1. 送 5 瓶他常喝的那种 20 美元一瓶的葡萄酒。

2. 送 2 瓶他特别喜欢的精致又昂贵的 50 美元一瓶的葡萄酒。

我对超过 1 万个人都问过这个问题。绝大多数人（97%）都会选择第二种。大部分人都觉得与其送 5 瓶廉价葡萄酒，还不如送 2 瓶昂贵的。

我又把这个问题弄得更难一点："如果我们给这位朋友送一张价值 100 美元的葡萄酒礼品卡，那他会给自己买什么呢？"大部分人都说他会给自己买 5 瓶便宜的葡萄酒。

那我又问了："如果我们给他 2 瓶高价葡萄酒，同时给他一张可以将 2 瓶酒换成 5 瓶等值廉价红酒的兑换券，那他会换吗？"大部分人说他不会换。

我继续增加选择："那假如我们给他 5 瓶廉价葡萄酒，同时给他一张可以换成 2 瓶高价红酒的兑换券，他会去换吗？"大部分人说他不会换。

实际上，大多数人都觉得礼物就应该是那种特别的东西，而并非对方平时经常消费的，所以送礼要选 2 瓶高价葡萄酒。礼物确实是一件非常特殊的商品：它是那种我们收到后会非常开心可是平时又绝不会买给自己的东西。

几年前，固特异轮胎橡胶公司（Goodyear Tire and Rubber Company）想到用各种招数来激励他们的代理商。管理部门将所有代理商分成完全同质的两个组。一组用薪水作为物质激励，另一组则以同样货币价值的礼品作为物质激励，比如奖励去夏威夷旅游、NBA 篮球比赛的会员年卡等。

结果发现，以礼品作为激励物的那组代理商将轮胎销售量提高了 46%，超过了以薪水作为激励物的那组。造成这种结果的其中一个原因就是，礼物是比薪水更有形的东西。一趟夏威夷度假之旅比银行账户里多出来的钱更容易想象。

理查德·泰勒曾在一项研究里问过下面这个问题：

> 想象一下，你很中意百货公司里一件标价 125 美元的羊绒衫，但你觉得它太奢侈了而没有购买。几个月之后，你的伴侣将这件羊绒衫作为生日礼物送给了你。你是会感到开心呢？还是无感呢？或是生气呢？

大多数被问到的人都说他们如果收到了这件自己不舍得买的羊绒衫，一定会非常非常开心。人们认为在自己身上花 125 美元似乎很夸张，可如果是收到一件同样价钱的礼物——哪怕这礼物是花他们自己的钱买的——则又会觉得是件好事了。如果他们自己买下了这件羊绒衫，他们可能会因为花钱超标而后悔，但如果是他们的伴侣为自己买下的羊绒衫，那他们就不会后悔，其关注点就会放在收到羊绒衫礼物的喜悦上，而不会放在花钱的痛苦上。

典型的礼物当然是盒装巧克力。有人见过谁走进糖果店，挑出一盒巧克力，当场拆了包装然后开吃吗？似乎那一盒盒的巧克力并不是为了买来吃的，好像它们就只是要拿来送礼用的。伊弗雷姆·基雄（Ephraim Kishon）曾写过一个有趣的小故事，说的是一个人收到了一个礼物，那是一盒巧克力，当他打开包装后，发现里面都长虫子了。于是他打电话给公司投诉，结果公司答复说："你打开了巧克力的盒子？谁会打开巧克力盒子啊？那是一件礼物，而不是食物！"

你曾看到谁去探访病人的时候是出钱让病人自己去买喜欢的巧克力吗？那是相当粗鲁的行为。我会挑选一盒我特别喜欢的巧克力，然后去探访病人，把这盒巧克力送给他们说："来吧，打开它享用吧！"

在我任教的鲁平学术中心里，就有在犹太新年假期（Rosh Hashanah）向员工赠送节日礼物的习俗，他们会送一瓶红酒、一罐蜂蜜和一袋核桃。工会成员就会抱怨："他们为什么要买红酒呢？或许有人想要白葡萄酒也说不定啊。为什么送蜂蜜呢？或许有人想要果酱也说不定啊。为什么要送核桃呢？或许有人想要杏仁也说不定啊。"管理部门最终对员工的抱怨忍无可忍，决定不再送节日礼物了，而是改成给员工发放和以前礼物同等价值的礼品卡，这样一来员工们就要为自己买些什么东西而伤脑筋了，再也没空抱怨。

自那以后，我每年都会把发的这张礼品卡给我的妻子。当犹太新年夜全家围坐在布置精美的餐桌边时，我会问她："你用礼品卡买了些什么呢？"然后她回答说："买了生菜和土豆。"

现在我们机构已经不再发员工节日礼物了，而是改成了加在我工资里的一点额外现金。外加的这部分过节费被淹没在我的银行账户里，再也没有人关注到它了。

节日送礼的这种逻辑性也同样体现在了送结婚礼物的没落上。不再有人送新人们结婚礼物了。如果你询问新娘："我该送你点什么作为结婚礼物呢？"那她会告诉你："打钱就好。"

一般人都相信，礼金其实是最好的选择。新婚夫妻可以把这笔钱花在他们想花的地方。但是这里有一个理智而冷静的观点，大多数年轻夫妻在刚结婚时都还在为了还房贷或助学贷款而焦头烂额。所以无论我们给他们多少钱，最终都会被拿去填贷款的窟窿，什么也剩不下。

几年前，我受邀参加了朋友儿子的婚礼。我很了解新郎，也知道他和他的未婚妻两个人都是戏剧发烧友，于是决定结婚不送他们礼金，而是送他们一张国家大剧院的情侣年卡。

后来我们不时遇见，他们告诉我："你知道吗，我俩被贷款的重担压得喘不上气，马不停蹄地加班工作，但我俩却能每个月都安排一次盛装出行去看戏。这真是一种享受，我们非常感谢你没有在婚礼上给我们礼金，因为如果你给的是钱的话，我们自己肯定不会把这个钱花在享受戏剧盛宴上。"

我听到他的这些话当然很高兴，不过高兴的事儿还在后面，他们告诉我说，他们决定要把会员年卡续约了。"如果我们不买个会员，我们以后就不会去看戏了。是会员资格强迫着我们硬挤出时间和金钱去享受自己。"

年轻夫妻的决策为我们引出了本章的第二个主题：**自我控制**（self-control）。创造了**心理账户**这个术语的理查德·泰勒说过："……个人可以被构建为一个规划者和一系列践行者的组织……"规划者是稳定的、平衡的、镇静的、一致的，而践行者则是自私的和短视的。规划者制定规则以防止践行者背离规划者的长期偏好来行事。规划者将生命看作一个整体，而践行者只考虑当前。自我控制就像是从反方向给了我们自己一个礼物：就好比我们知道自己很喜欢某个礼物，但我们不会买给自己。我们还知道如果我们无法控制自己，就会产生一种自己挥金如土的感觉，会害怕自己破坏所有规则暴饮暴食。因此，我们内在的规划者（大脑）就会通过否认狂野奔放的能力来惩罚我们内在的践行者（身体）。

就好像规划者向其老板建议把付给自己的工资减少一个固定的数额，再把这些钱存进一个储蓄账户，这样践行者就不能浪费钱了。规划者还会让自己远离盒装巧克力或者蛋糕，这样践行者就能保持饮食健康了。否则，就要把践行者送去戒烟或饮食障碍的康复机构。换句话说，规划者创造了限制实践者自由意志的场景。

下面这种方法可使规划者愿望和践行者欲望二者间的鸿沟被跨越：当我在学期末给学生打分时，我通常会给那些考了 50～59 分的学生打一个 60 分（及格分）。我很清楚期末考试只是一种取样，如果他们能对拿到一个通过课程的最低分满意的话，那我也不想让那些差一点就能通过课程的人被迫再考一次。

一天有个学生就来找我说："我宁愿你是给我打了本来的 55 分，而没有改成 60 分。"

"何出此言呢？"我好奇道。

"因为我想再考一次试。"

"即使你得了 60 分，你也可以再考一次的。"我告诉他。

"但如果我得了 60 分，我就不想再去考了。"

"那就不考呗。"

"但我想再考。"

"那你就再考。"

"可如果我得了 60 分，我就不想再考了。"

这个男孩不满意自己 60 分的成绩并且想要在下次考试中提高成绩，但他又非常了解自己，知道自己如果不是被迫重考，那他自己最后肯定会放弃的。

对于那些了解自己弱点并且忌惮自己弱点的人来说，他们无法完成大脑强加给自己的任务，于是就要为自己的决定做出一个公开声明。比如，决定要戒烟并且知道戒烟很难的人，就应该让自己的朋友们都知道自己要戒烟的决定。

几个月前，我像以往很多次那样做出了一个决定，不再吃椒盐卷饼零食了，我工作的学院总是免费提供这种零食。我知道自己遵守不了这个决定，除非我做出一个公开声明，于是我在自己的办公室门上贴了一张纸，纸上写着：不再鲁椒了。

　　进入我办公室的每个人都会问我门上贴的字是什么意思，然后我就会告诉他们那代表着：我再也不吃鲁平学术中心的椒盐卷饼了。千真万确，自从我贴了告示在门上，就再也没碰过椒盐卷饼。不过威化饼干那又是另外一回事了……

　　总而言之，我们的天性就是会不经过长远考虑而浪费金钱，就是要不考虑肺癌、肝癌而去享受抽烟喝酒的快乐。但是我们的逻辑思维又清楚地知道那样对我们并不明智。如果我们现在不存钱，那未来的生活就无所依靠。这就是个人养老金计划存在的原因，连政府都让我们通过缴纳社保的方式投资自己的未来。

小小助推

　　2008 年，对于我们正在着手解决的这个问题——如何运用改变初始默认值和现状的方法来改进决策，学术界和政界的态度发生了戏剧性的转变。转折点是《助推》（Nudge）这本书的出版，其作者是 2017 年诺贝尔经济学奖获得者，也是本书已经数次提到的理查德·泰勒和法律学者卡斯·桑斯坦（Cass Sunstein）。书的封面上画着一只大象用鼻子轻推着自己的小象宝宝往前走，大象不是猛踢着小象走，而是给它一个轻推——非常小的推力。这就是中心思想。什么是"助推"？助推就是轻轻一推，是在周围环境里影响我们行为和决策的某种小东西。

书中讲了如何通过轻轻一推，就可以帮助人们以对自己、对社会、对环境都更好的方式行事。但是，怎么可能通过轻轻一推就影响了人们的决策呢？不必像传统经济学中的惯例那样使用威胁、诱惑、罚款或是折扣，而只是运用柔和、非约束的方式就可能实现吗？

男厕所里的假苍蝇

运用助推原理最著名的例子就是那只苍蝇的故事。男性在公共小便器小便的时候，通常会站在离立式小便器太远的地方（出于男性的自负）。他们右手拿着电话却放在左耳朵上接听，还一边小便一边给电话另一端的人指挥方向。你可以想见这样小便的时候会发生什么混乱不堪的事情。而阿姆斯特丹的史基浦机场（the Schiphol Airport）又是怎么阻止这种现象的呢？他们决定在机场小便池的池底刻上一只黑色家蝇的图案。

泰勒声称，由于进化的原因，男性在看到一个目标的时候显然会去瞄准。事实也确实如此，在往小便池里刻上一只苍蝇之后，小便溢出量减少了80%。在哥本哈根，人们把从公共花园座椅区到附近垃圾桶的路径用鞋印标识出来以后，扔在花园里的垃圾数量减少了46%。

瑞士的学生宿舍在花洒龙头处安装了一个水表，这样每个人在洗澡的时候就可以看到自己用了多少水。自此每个淋浴花洒的用水量就从48升减为了40升——下降了17%。

餐厅里食物的摆放形式也可以运用一点助推原理。举个例子，如果在自助餐一上来就提供更多的沙拉和健康食品，那人们就更有可能少吃一些高脂肪汉堡和卡路里爆炸的炸薯条了。我们的假设是，人们是愿意吃健康食品的，但美味食物的吸引力超过了人们对健康食品的需求。

人行横道也是一种助推的形式。毕竟司机可不想碾过行人，而行人也不想自己被车撞。所以人行横道就是在指引司机，助推他们在街上看到这个标识的时候，多多注意道路情况。然而，这个助推也会产生一个问题，就是使得行人以为自己走在人行横道上是更安全的，从而将自己置于更加危险的境地。比如，行人在人行横道上准备穿过马路时，可能不太会左右瞭望。

在我居住的城镇，印有孩童图案的纸板会被放置在人行横道旁边。这里的假设是，当司机看到这些孩童纸板时就会减速驾驶。我很担忧那些常住这里的司机们，如果从人行横道通过几次后就会发现，那只是有孩童图案的纸板而不是真正的小孩，这样他们就不会再谨慎驾驶并在某天最终撞到一个真正的小孩。

用一点助推来改变安于现状

在现状改变上的那轻轻一推通常就是改变初始默认值。该领域最常见的研究主题就是美国的长期储蓄。很多国家都会强制公民缴纳社保，从而帮助人们为自己的晚年存钱。而有些国家则不强制缴纳社保，这样就会出现许多人在有能力工作的阶段没有存下足够的钱，从而在自己晚年的时候一分钱都剩不下。结果就导致了一些人无家可归，或搬去大篷车居住，或是待在问题社区。

然而，美国政府也想像其他国家那样让人们投资储蓄计划并鼓励大家存钱，同时他们的传统观念又使得政府不可能强迫人民储蓄。所以目前的情况就是，雇主必须是在雇员的要求下，才能从雇员的工资中扣除一定数额的钱存入雇员的储蓄计划。

对此，泰勒和同事们建议初始默认值应该是，每位雇员都开好一个储蓄计划账户，只有他们选择放弃这个储蓄计划的时候，账户才会关闭。这样默认值就应该设定为，储蓄计划已经开启且雇员必须主动决策才能放弃，而主动提出放弃对人们来说可太难了。泰勒和什洛莫·贝纳茨（Shlomo Benartzi）甚至更进一步提出了"明天存更多"计划。该计划是专为那些觉得现在马上存钱有困难的人而设计的，可以让他们以后再存，方法就是承诺当他们的工资上涨之后，其相应储蓄也会增加。相比工资相对较低而生活条件又很艰苦时却要把一大笔钱存进储蓄账户，这样一种方案就更容易被接受了。

从主动决策到被动决策的逆转

我现在要推荐一种，在结果至关重要且决策本身难度很大的情况下，我们可以采用的决策方法。我用一个几年前发生在我身上的故事来为大家展示这个方法。

在鲁平学术中心，也就是我任教的地方，我们为高管提供一个可以修读学士学位的课程项目。该项目是为那些相对上了年纪、就职于管理岗位、拖家带口，且年轻时没机会上大学的人设计的。我真的很享受在该项目任教，因为学生们都更认真也更成熟，但即使是这样的学生也不会在上课时停止对移动设备持续而大量的使用。

有一天，一位该项目的毕业生打电话给我说："你好啊，约西老师，我要做出一个困难的决定，而我想和你讨论一下。"像这样的需求对我来说并不陌生，因为我一直都鼓励我的学生在想听听客观的专业意见时随时找我。在我参与了一个叫《决策》（The Decision）的电视节目后，我接到这种需求的电话数量大幅增加，其中也包括那些没听过我讲课的人。

打电话过来的这位学生和我讲述了她的故事。"我今年 43 岁，婚姻幸福，有 3 个孩子：一个 19 岁的儿子在当兵，一个上 11 年级的女儿和 13 岁的小儿子。一周前，我发现自己怀孕了——是意外怀孕——所以我在考虑是留下这个孩子还是去做人工流产。一方面，我的宗教信仰反对堕胎，另一方面，我才刚刚进入一个可以从养育孩子的生活里放松下来的状态；我有了一份很棒的新工作，最近加入了几个社区中心的学习课程，我对自己目前的状态特别满意。我该怎么做呢？"

我回复说我无法告诉她哪个才是正确的决策，但或许我可以指导一下她自己的决策过程。我建议她从一种主动决策变换为被动决策。我告诉她："想象你在一个早晨醒来，发现自己流产了。你并没有决定或是做任何行动——只是就那么发生了，自然流产，是上帝的旨意。在你意识到自己流产了的那一刻，你最初的感觉是什么？你是觉得一下子放松了还是觉得很悲伤？你是会感谢上帝还是会对上帝生气？"

我抛出这个问题的初衷是为了将决策后的结果与决策本身分割开。决策的目的是要获得结果。对于究竟是要完成某事还是要避免某事，并不应该考虑这个做决策的过程本身，而应该单独考虑决策后的结果。

如果真的去做了人工流产，则事后的感受会与自然发生了流产很不一样。因为后者除了会有失望情绪外，并不会产生内疚与后悔的感觉。无论如何，在这种情况下，将主动决策变为被动决策的建议都可以帮助这位学生更容易下决定。

我在参加电视节目时应对的两难处境多种多样且绝不简单：一位携带乳腺癌和卵巢癌基因的未婚女性是否应该接受预防性手术摘除卵巢？从婴儿时就被领养的人应该看到自己的领养记录吗？处于财务非常困难状况的年轻母亲应该靠代孕赚取收入吗？患有自闭症的孩子父母应该让孩子接受特殊教育还是应该尽力让孩子融入常规教育体系里呢？刚刚生育了孩子的女性应该为了成为"完美"母亲而放弃自己经营成功的生意吗？年过四十的未婚女性应该单身生育还是索性放弃生小孩？

当然，我在上面提到的任何领域都不具备专业知识，我的角色就是通过在不同情况下呈现各种不同的决策方法，来帮助这些处于两难情境中的人们尽可能以最有条理、最客观的方式做出决策。

从一个大的被动决策到一系列小的主动决策

正如我们每年都要给私家车做年检一样，现在想象一下，假如每对已婚夫妻也要每年重新宣读结婚誓词，重新签署自己的结婚声明："我愿与他/她再继续一年婚姻。"那我觉得美国目前大约 50%的离婚率大概会上升到 80%了。正如我们讲过的，维持婚姻其实就是一个被动决策。如果两个人婚后的情况不算那么糟糕，那他们就会维持现状不离婚。但如果我们被迫要在每年都做出一个主动决策，然后去法庭重申彼此的结婚誓词，那这种行为很可能会唤醒我们内心对婚姻沉睡已久的疑虑，从而让我们决定去留的深思熟虑变得更加困难。

当我写下这一行文字的时候，我正在观看世界杯足球赛。由于比赛的巨大压力和无比的悬念，我兴致盎然地吃了好多腰果，我的胃也兴致盎然地全部接收了。中场休息时，我把空袋子扔进垃圾箱并且还想再找点东西吃。

我对自己有了怎样的发现呢？我发现如果储藏室有任何打开了包装的食物，我都会立刻把它吃光。如果有一包食物被我的妻子用晾衣夹子封上了，我也会把夹子拿掉然后吃掉那包食物。不幸的是，自从我的妻子开始听我关于主动决策和被动决策的公共讲座后，她都会用订书钉把打开包装的零食袋子再钉死。当这种情况发生时，我会从储藏室拿起一袋未开封的食物，把它举到我面前，回忆一下 17 年前我是怎么决定要节制饮食的，然后满怀歉意地抚摸一下我的胃，最后把这袋食物放回去。

在一项有关节制饮食以及包装尺寸和食物消耗的相关性研究中，布赖恩·万辛克（Brian Wansink）和他的同事们让被试（有的被试瘦而有的被试胖）观看电视里播放的喜剧。与此同时，研究人员在桌子上放了很多袋薄脆饼干作为点心。他们给第一组被试每人都发了一大袋含有 400 卡路里的食物，但给第二组被试发的是每人四小袋食物，每袋含有 100 卡路里。

研究显示，对于偏瘦的被试，包装尺寸没有影响他们对薄脆饼干的消耗量——两种情况下都是摄入大约 250 卡路里。然而，对于偏胖的被试，两组卡路里消耗量却有很大差别。当他们有四小袋食物时，他们摄入了大约 170 卡路里，而当他们有一大袋含有 400 卡路里的食物时，他们平均都会摄入几乎全部的热量——大约 390 卡路里，这意味着大包装食物的消耗量比小包装食物高了 1.3 倍。

从已经打开的袋子里拿东西吃是一种被动决策。打开一个封闭的袋子是一种主动决策。决策背后的行为不仅能通过投入的躯体能量加以测量，最重要的是，还可以通过心理能量的参与程度加以测量。

如前所言，主动决策就是做出改变的决策，而被动决策就是维持现状的决策。对于人们为什么要抵制改变的一个解释就是为了逃避主动决策，而逃避又源自讨厌失去，所以，如前所述，失败之苦是成功之甜的两倍。

偏离的电车和肥胖的男人

你即将看到的是决策领域最众所周知的伦理困境之一。该困境的两个部分被称为电车难题（trolley problem）和胖子困境（the fat man dilemma）。开始部分呈现的困境如下：

你站在铁轨旁边，注意到了电车正快速驶来，马上就要轧到铁轨上工作的五个人了。你可以选择拉动杠杆，这样可以将电车转到另一条铁轨，那样电车就只会轧到那条铁轨上的一个工人。你会拉动杠杆吗？

大多数人说自己会拉动杠杆。第二部分呈现的困境如下：

你站在一座桥上眺望铁轨，然后你看到一列电车正快速驶来，马上就要轧到铁轨上的五个工人了。在桥上你的旁边是一个很胖的男人。如果你把这个胖子推到铁轨上，电车就会轧到他然后停下来，这样你就会从车轮下救活五个工人。你会把这个胖男人推下去使他死亡吗？

大多数人说不会。注意一下，回答说"会"把这个胖男人推下桥使其在铁轨上死于非命的男性要多于女性。另一个让人不安的结果是，在回答该困境问题之前曾在电视里观看了喜剧小品的人，相比没有观看喜剧小品的人，更多地选择了把胖男人从桥上推下去。另一项发现是，相比把胖女人推下桥，人们更有可能把一个胖男人从桥上推下去。

说到最终结果，其实两种场景是完全一样的。两种情况下的结果都是 5∶1。两种困境之间的差别在于，贯彻完成该行动需要多少动作。在第一种情况下，拉动杠杆的人与发生的事离得更远所以做出合理的决策变得更可能。在第二种情况下，决策和执行都主动得多。

换成医疗背景，研究人员也检测了医生在这种两难困境中的决策。给一组医生呈现的困境如下：

在你工作的医院里，你有五位病人需要器官移植——一个心脏、两个肾脏、一对肺和一个肝脏。不幸的是，没有捐献者，这五位病人都快要死了。一天，一位游客因交通事故受了轻伤而被送到了医院，快速检查的结果显示这位游客的器官与五位病人全都匹配。

研究人员问医生：你会杀死这位游客来挽救你的五位病人吗？所有的医生当然都回答不会。如果我们这样问医生：一位游客死于一场交通事故，你可以用他的器官挽救你的五位病人，你会高兴吗？我原本以为医生会很高兴。然而并非如此。如果产生的伦理困境是决策者本身就无法苟同的，那么决策从主动转为被动也不会有帮助。

与胖子困境有关的另外一点涉及了外语的使用。博阿兹·凯萨和他的同事们通过一系列实验发现，使用外语导致人们对问题有更多的思考，从而做出更加理性且实惠的决策，也更少基于情感而决策。

他们发现，如果向使用母语的被试组呈现胖子困境，则只有20%的人说自己会把这个男人推下去替死，用以拯救那五个人的性命。但如果是向外语说得也很好的非母语被试组呈现该困境，结果发现说自己会把此人推下桥的比率就提升到了33%。

由珍妮特·盖佩尔（Janet Geipel）和她的同事们主持的相关研究也发现了类似的结果。在图 24 中，我们可以看到使用外语后，有更多人选择（50%～80%）改变列车的路线，更少的人选

择（10%～40%）把胖子推下桥，在两种情况中，如果问题是用
外语问出的，则主动下手的被试的比率会上升。这在胖子困境中
尤其明显，如果是用外语问出两难困境的问题，有大约 40%的被
试会推他下桥，而用被试的母语提问时，则只有 10%的人会推他
下桥。

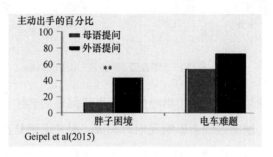

图 24　母语和外语在电车难题及胖子困境中的影响

　　博阿兹·凯萨和他的同事们也对更早以前的亚洲疾病困境中
的语种影响进行了研究。简要回顾一下这个困境：询问人们更愿
意使用哪种疫苗来对抗可能患上的流行病。人们可以在两个选项
中选择，一个是免疫结果确定的，一个是免疫结果不确定的，并
且所有结果都以积极的和消极的这两种方式呈现，也就是通过幸
存人数和死亡人数来呈现。在这个问题的决策上母语差异也同样
造成了严重的影响。从图 25 中可以看到。

　　在实验 A 中（左图），被试的母语为英语，外语是日语。在
使用母语提问时，被试的回应会根据积极措辞和消极措辞的不同
而出现明显差异，但在使用外语提问时，被试的回应几乎没什么
差异。实验 B 也取得了类似的结果，只不过实验 B 中被试的母

语是韩语，外语是英语。

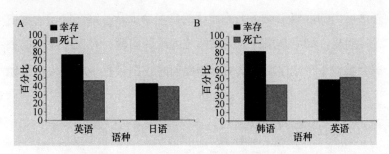

图25　母语和外语在亚洲疾病困境中的影响

　　结论就是，当我们用自己的母语思考问题的时候会更加情绪化。自动化加工过程会影响我们的决策，而外语则是在我们和自动化加工之间创造了一定的距离，放大我们的分析思维，最小化我们的情绪反应。因此，使用外语来思考会减少我们情绪化的偏见。有外语参与的情况下我们倾向于冒更大风险，因为害怕作为情绪的一种也会被抑制。

总结

1. 送礼物的时候最好是送那种会让人兴奋的礼物，那种他们很想要但是不一定非得拥有的东西，那种他们没有放在优先列表首位，故而也不会买给自己的东西。

2. 使用货币奖金的激励办法更适合 19 世纪的煤矿工人。想要奖励杰出员工的管理者们应该想到一些比金钱更能让人兴奋的东西——不必很昂贵。比如，和上司夫妇共进晚餐。

3．知道自己弱点可又束手无策的人（比如无法让自己停止
吸烟、停止贪食、停止赌博、停止购物等），可以运用自
我控制来战胜那些弱点。

4．除了与健康相关的决策外，投资退休养老金或许是对我
们以后的生活最重要的决策了。因此，我们应该制订一
个有组织、有约束力的计划——比如从我们现有收入和
未来收入中拿出一部分存入养老金账户——这会从人类
只顾眼前不顾未来的天性中拯救我们。

第29章　偏好不需要推断

罗伯特·扎伊翁茨（Robert Zajonc）是一位出生于波兰的犹太人，同时也是加利福尼亚州斯坦福大学的心理学家。他出名有一部分是因为他发现了第一个出生的孩子会拥有比其他兄弟姐妹更高的智商。1980 年，他应邀撰写一篇有关情绪在决策中的功能的文章。该文章是在他获得了心理学领域杰出科学贡献奖后受委托而写的。

文章标题为《感受与思维：偏好不需要推断》（*Feeling and Thinking*：*Preferences Need No Inferences*）。这篇文章第一次指出了我们的决策过程首先是由情绪驱动，而后才由智力驱动。对刺激物产生的最初反应通常是情绪上的反应。它们会自动显现，然后指导信息加工和判断。根据扎伊翁茨的说法，我们不是只看到一所房子——我们是看到一所漂亮的房子，或者看到一所难看的房子。情绪不经我们邀请就自动显现，并立刻影响了我们如何感受自己看到的东西。扎伊翁茨把这种行为叫作**情感启发式**（affect heuristic）：我们愚弄自己来相信在决策过程中，我们是理智行事和权衡利弊的。但实际上，我们买车子只看其外表是否吸睛，选择伴侣只看其颜值是否养眼，选择工作或是家庭都只为了自己有良好的感觉，我们只是在事后才会运用理性的解释来判断决策的正确。

在另外一项研究中，扎伊翁茨和同事先给被试展示一张一闪而过的图片，有微笑表情的和生气表情的，或是随机的几何图形，都是持续几分之一秒的时间，之后再给被试呈现一幅中国象形文字的图画。要求被试回答自己喜欢哪个中国象形文字，以及不喜欢哪个象形文字。结果发现，相比呈现在生气表情后的中国象形文字而言，呈现在微笑表情图片后面的那幅中国象形文字更受被试欢迎。

被试在这项研究过程中因为看到的微笑表情而感受到了好心情，这使他们更喜欢那些图画。我们的偏好，甚至是我们的口味，都会根据我们评估时的情绪而改变。另一项研究报告指出，如果被试在电视上看到某个牌子的啤酒广告特别正能量，就会引起自身的积极情绪，从而觉得这种啤酒更好喝了。

安东尼奥·达马西奥（Antonio Damasio）是南加州大学医院的神经科学教授，在他的《笛卡尔的错误》（*Descartes' Error*）一书里，描述了人的大脑中那些负责情绪的脑区受损后的行为。经过诸多研究后得出的结论是，尽管生物性驱动和情绪都会引起人类的非理性，但这些都是不可或缺的，尤其是在个人和社会领域。正如他在书里所写的："无控制的或错误指向的情绪可能是非理性行为的一个主要来源。"了解到情绪无处不在地发挥着作用或可帮助我们加强情绪的积极影响并且减少情绪潜在的损害。

"……情感是我们内在本性和外在环境之间……竞争

的传感器……和由此产生的情绪……一起作为内部指导来为我们服务……体细胞标记物（somatic markers）为我们提供了选择标准（是按照备选排列好的）……而这些体细胞标记物是在表达我们接受和获取到的不断累积的偏好……体细胞标记物迫使我们关注到一个行动可能产生的消极结果，从而让我们从更少的备选项中进行选择。"

总而言之，只是知道应该做什么是不够的，还必须能感受到应该做什么。

保罗·马斯洛（Paul Maslow）（并非那位提出需求层次理论的亚伯拉罕·马斯洛）在 1957 年出版过一本书，叫《理智与直觉》（*Intellect versus Intuition*）。书里写到了两种极端的固化角色——一种完全靠直觉行事的人和一种完全遵从理性行事的人。下面给大家举例讲讲这两种人的差别，看看你和哪种固化角色更像。

直觉型的人（Intuitive People，简称 IP）运用绝对的整体感觉，只要看一眼就知道是对是错，是好是坏。他们能迅速抓住"事物的整体情况，而不去留意细枝末节"并且基于（他们自己的）当下心情立刻做出决策。他们不懂自己为什么会以某种方式思考，他们只是就这么做了。直觉的知识既不允许质询，也不允许怀疑。

理智型的人（Rational People，简称 RP）力图从逻辑上理解一个整体的所有部分，力争无休止地掌控所有细节然后权衡利弊。他们不愿轻易做出决定，直到他们辛辛苦苦无比严格地完成了观察、分离、比较、测量、明确之后，且只能在这样以后，才会犹犹豫豫勉强承认自己弄明白了。RP 为了纯粹的道理而奋斗终身，他们缺乏自发性、生动性以及使人耳目一新的其他特质。

IP 凭意愿行事且听天由命。他们极少做规划，走一步看一步，玩味当下的每一种体验，对于冲击自己的所有情感或心绪全部了然于胸。

RP 则寻求对自己命运的掌控，惧怕过度的情感和行事方法，因为这种惧怕作为计划中的一部分，也是他们的职责所在。

IP 很少争论他们的信仰。RP 则反其道行之。

RP 会说给我一个理由，而 IP 会说需要理由吗？

尽管如此，当某种新事物崭露头角时，IP 会害怕非传统的、外来的东西，倾向于置身事外，而 RP 却对此充满着蠢蠢欲动的好奇心。

IP 是从过去到现在，RP 则从现在去往未来。IP 是从早年间的人、事、物中寻找幸福一生的秘密，而 RP 则从新潮流的人、事、物中寻找。

知性固然在很多方面都出类拔萃，但仍不足以囊括整个生存之道。从有关生命的知识角度来看，单单凭借"头脑"来做学术研究绝对可以功成名就，但同时我们也不可否认，精神的逐渐萎缩正在使人类步入真正亲密关系的能力出现明显下降。对智能的专一培养会使情感的自然源泉逐渐干涸，使我们对那些最基本的快乐越来越无感。我们不可避免地要丧失某些真正与生俱来的东西。生活中真正重要的东西就会被这样一种方式逐步毁掉，那就是牺牲掉人类的生物依恋、历史关联、直觉激励来满足科学发现的欲望。

当直觉和智能合为一体，二者就可以互相去其糟粕，取其精华，为我们提供一个现实生活的均衡呈现。

图 26 这个例子是大家非常熟悉的。我们已知上面这条横线与下面这条横线的长度是一样的。但即使从逻辑上我们"已知"两条线的长度一样，我们还是会"感觉"下面那条横线更短。

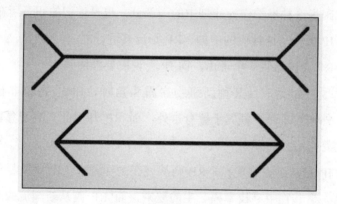

图 26 缪勒-莱尔视错觉

逻辑和情感一直在交战。让我们聊聊哲学家、佛教和致幻剂研究者艾伦·沃茨（Alan Watts）说过的话：

> 好像我们被分成了两部分。一部分是存在于意识里的"意识我"……另一部分则是作为本性的"内在我"……"意识我"把自己想象成是个通情达理的家伙，永远都在

批评"内在我"……因为"内在我"拥有将"意识我"卷入麻烦的激情……还拥有从不满足的旺盛食欲……"意识我"会通过尝试修复这个世界而尽力让其变得合乎常理……"意识我"和"内在我"共用一个头脑和一副身体……彼此不和……这是一场意识与本性之间的斗争,一场在永恒的渴望与流动的现实之间的斗争。

大脑渴望的是身体不想要的东西,而身体渴望的又是大脑不允许的东西;大脑指出的方向是身体不予追随的,而身体的冲动所在又是大脑所不能理解的。

……我们被教导要忽略、轻视、违逆我们的身体,要把所有的信念都放入大脑……确实,文明人的特殊疾病可能被描述为他大脑与身体其他部分之间的障碍或分裂,我们允许大脑思考如何发展和主宰我们的生活……与我们"直觉智慧"主宰的部分不成比例。

在决策中加入情绪有很重要的优势,但有时却会对我们的选择产生负面影响。我好奇了很多年,基于情感的所谓爱情的择偶决策是否会比首先考虑合理性的匹配过程更好。

情绪会使理智间或黯然失色吗?难道我们不是先行意气用事,等到情绪消退、逻辑最终以蜗牛的速度爬回正轨时才对自己的所作所为懊悔不迭吗?

我认为人类必须要自问的那个最重要的问题是:如何将拿捏我们的情绪与封印我们的逻辑结合在一起?那些仅靠情绪行事的

人可能会去往他们自己并不乐意身处其中的地方，而那些只靠逻辑行事的人，对每个决定每个行为都要给出解释的人，也可能会发现自己过着毫无挑战味同嚼蜡的生活。

琼·布里丹（Jean Buridan）是一位 14 世纪法国哲学家、牧师，他因那个理性驴子的寓言故事而出名：

一头理性且饥肠辘辘的驴子站在两堆一模一样的干草之间，无从选择，最终被饿死在干草堆前。

如果有人要对每个决定和每个行为背后的逻辑原因进行研究，那他们很可能要与自己和别人进行没日没夜的反复思辨、争论和解释。用小情绪给生活增加点趣味，别动不动就想要和自己过不去而非要理解、证明每一件事，这样的生活不是更好吗？

我带领了一个名为"风险承担的动力学"（The Dynamics of Risk-Taking）工作坊，这是我和学生们一起在死海地区做的项目，其中有个练习是要走过燃烧的炭块。这个练习看起来很吓人，但其实完全安全，因为你只用两三步就会很快地走过去了。

理性的学生总是会问："做这个练习有什么用啊？"或者会说："请从逻辑角度告诉我为什么我要走过燃烧的炭块。"

最后，那些走过炭块的人会感到满足和兴奋，他们会给自己的挚爱亲朋打电话分享自己的经历。而那些没有完成练习的人则继续对自己始终如一的理智感到满意。

自我控制的主题曾在之前的章节提到过。自我控制本质上就是逻辑控制情绪，大脑控制身体，长期偏好战胜短期偏好。丹尼尔·戈尔曼（Daniel Goleman）曾在他著名的《情商》（*Emotional*

Intelligence）一书中写到过：

> 在情感与思维的共舞中，情绪的天赋指引着我们每时每刻的决策，与理性的心智携手合作，使思维本身得以生效或失效。同样地，思考的大脑也在我们的情绪里扮演着执行官的角色——除了那些情绪脱离掌控然后情绪大脑疯狂输出的时候。……旧范式秉持着理智可以摆脱情绪牵引的完美想象，而新范式则是促成我们心与脑的和谐一致。若要在生活里把二者处理好，那我们必须先要更准确地理解有智慧地运用情绪意味着什么。

当我还是个小男孩时，我的妈妈就总是和我说，"做事之前先想想"或是"说话之前先数到 10"。为什么她不是让我在说话之前先感受一下呢？20 世纪 50 年代和 60 年代都是理性的年代。教育是以智能为基础的，医学是传统的，法庭上的假设也是人都有理性。这种情况在过去几十年里调转了过来，情绪和直觉的地位被更加尊重，医学发展得越来越全面系统，与过去相比，我们将大脑和身体看作是道家阴阳那样的相互补充。新的法律已被通过，也就是说，当事人在被激惹后杀死了另一人最终将被认定为过失杀人，而非谋杀罪。情感获得了法律前所未有的承认。除了已被接受且广为传播的智商是可测量的心智能力之外，情商也作为一种可以测量的情绪能力而进入了大众视野。

库珀（Cooper）和萨瓦夫（Sawaf）在他们的《决策的情

商：领导和组织中的情绪智力》（*Executive EQ*：*Emotional Intelligence in Leadership and Organizations*）一书中将情绪智力定义为感受、理解和运用情绪强度来作为人类精力、信息和影响力来源的能力，他们同时强调情商并非一种营销伎俩，也不涉及控制、剥削或操纵的心理，它只是对我们与他人的情绪进行学习、识别和评估，对情绪给予适当的回应，有效运用这些情绪、重要决策和日常生活中表现出来的信息和影响。

我会用一个在我看来非常新的模型来做总结，向大家展示我们是如何做出决策的。这就是卡尼曼和弗雷德里克（Frederick）的双重模型。根据该模型，我们的大脑中有两个系统在工作：直觉系统和理性系统。

在直觉系统中运行的决策过程是自动化的、不费力的、联想的、快速且平行的、模糊而熟练的。小鹿斑比一听到树林里有声音，就会激活自己的直觉系统然后跑开保命。如果它激活的是自己的理性系统，它会拿出纸笔开始对所有可能的声响听音辨位，分析那些声响危害到自己的可能性以及每个声音来源会对自己造成哪些潜在伤害，这样它就会在自己完成所有分析评估之前命丧敌口了。

与直觉系统的决策过程相反，理性系统的决策过程是节制的、缓慢而有序的、带有觉知的和遵从规则的。几年前我访问南非的时候曾租了一辆车自驾穿越开普敦，我感觉开心极了，心情彻底放飞。但很快我就意识到了右舵开车的心理差异了。驾驶起来要花费很多注意力，我要很努力地在我不习惯驾驶的一侧开车。最精彩的是当我开到一个环岛的时候，我搞不清自己应该从右边并道超车还是从左边并道超车。我不得不停下来然后跟在另一辆车的后面驾驶。

在我的家乡，我开车就是自动化的行为。我几乎没去想过怎么开或是全情投入在开车上。有时候我脑子里会烦恼一些事情，结果我都想不起来自己是怎么开了好几英里的。在熟悉环境里驾驶的操作系统和在不熟悉环境里驾驶的操作系统是不同的。

根据决策双模型的理论，每个决策的第一阶段，直觉系统会给出一个快速解决方案；在第二阶段，理性系统会对直觉系统的方案质量进行检验，要么接受，要么修正，要么拒绝。

如果一个人根据自己最初的感觉而行事，就会被认为是心血来潮的或者是直觉型的。如果理性系统加诸直觉系统的更改过多，且最终决策明显不同于开始的快速直觉型决策，这个人就会被认为是精于算计的和理智型的。

看看图 27 中的三种形状。

得出矩形 A 和矩形 C 高度一样这个观察结果是自动化的且非常快速。确认这一事实的过程就是直觉的、模糊而熟练的、不费力的。不同的是，得出形状 B 和矩形 C 的面积一样这种观察结论则是人为干预的且速度缓慢的，这是一种需要努力的理智且刻意的加工过程。

下面三个问题可以进一步说明该话题（见图 28）。请你尽快回答出这三个问题，答案在本书附录。

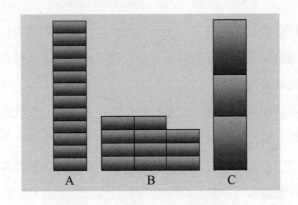

图 27　观察三种形状的高度和面积

图 28

问题 1：一个网球拍和一个网球总共 11 美元。网球拍比网球贵 10 美元，问网球多少钱？

问题 2：睡莲长在湖里，每天的面积会加倍。48 天内就会长满整个湖面，问多少天睡莲会长满湖面面积的一半。

问题 3：一个人用 4 秒钟把一根法式长棍面包切成了相等的 4 份。问把它切成相等的 16 份需要几秒钟？

第一题你是不是觉得网球是 1 美元？第二题你的答案是 24 天吗？第三题你的答案是 16 秒吗？翻到附录看看正确答案吧。

有时候直觉性的解决方案也是正确的，而有时候理性系统也能快速纠正直觉性方案的谬误。判断和决策中的错误只会发生在直觉系统给出一个不正确的答案且理性系统没有留意到这个错误所以没有修正的时候。

总而言之，我们可以这样说，无论是哪种方式，在做出复杂决策时，情绪和直觉都不应该被取代。西格蒙德·弗洛伊德（Sigmund Freud）说过："当我在做一个无关紧要的决策时，我总会发现能够通盘考虑权衡利弊是有好处的。然而，在那些至关重要的大事上，比如伴侣的选择或职业的选择，那这个决策就要来自于潜意识，来自于我们内心深处的某个地方。我认为，我们个人生活中的重大决策应该由我们本性里深层的内在需求所统治。"

在我看来，现代人的使命是找到在情绪和逻辑之间的黄金大道；是要（理性地）决定何时运用情绪来决策，何时运用才智来决策，何时靠直觉行事以及何时只能在犹豫不决、请教他人、计划之后再行事。

总结

1. 对刺激产生的第一个反应通常是情绪化的反应。这些反应会自动出现，并在之后指导信息的加工和判断。

2. 我们糊弄自己以为我们选择了合乎逻辑的路径且检验了利弊权衡，而现实里我们是心血来潮做出的决定，然后才用符合逻辑的解释来为我们的选择辩解。

3．在我们还是孩子的时代，大人告诉我们要想一想再回答。如今，我们可能想告诉自己的孩子，让他们做出决定之前除了要用脑子想一想，也要用心感受一下。

4．尽管理性有美好的一面，但它不足以囊括生活的各个领域。

5．在决策中减少情感的涉入会导致拥有亲密关系的能力降低。

6．只培养智力可能会使我们情感的天然来源干涸，并且会降低我们对基础性快乐的敏感度。

7．当人工取代了天然，当直觉感受器和生物性情感被献祭在贪图科学发现的圣坛上，我们可能会遗失生命中真正重要的东西。

8．如果将直觉与智能结合在一起，二者会消除彼此的缺陷，同时强化彼此的优势，从而使人们更好地平衡自身与现实。

9．正是在需要勇气和毅力的时候，情绪激发出来的恐惧和克制会阻碍我们的决策。

10．为了成为优秀的管理者、更好的伴侣和成为更好的人，我们应该了解并欣赏我们和他人的情感，并对其做出恰当的回应。这可能就是女性比男性更多地将情绪与决策结合起来的原因，也是女性能更好地成为管理者的原因。

附 录

以字母 C 和 I 开头的国家

C	I
Cambodia	Iceland
Cameroon	India
Canada	Indonesia
Cape Verde	Iran
Central African R.	Iraq
Chad	Ireland
Chile	Israel
China	Italy
Colombia	
Comoros	
Congo R.	
Costa Rica	
Côte d'Ivoire	
Croatia	
Cuba	
Cyprus	
Czech R.	
17	8

1000 人的答案中的最小值和最大值

表述	最小值	你的答案	最大值
几乎肯定	60%		99%
大概	51%		95%
无疑	80%		100%
也许	30%		90%
不可能	0		35%
经常	20%		90%
预期可能	40%		100%
低概率	1%		40%

估算过度自信的程度——正确答案

1	美国的首都是	华盛顿
2	印度尼西亚的人口数量是	2.4 亿
3	《魔笛》是由谁作曲的	莫扎特
4	伦敦到巴黎的距离是	340 千米
5	特古西加尔巴是哪个国家的首都	洪都拉斯
6	《圣经·旧约》中哪一卷有更多的章节	《以赛亚书》
7	美国每天的商业航班数量	3 万
8	摩洛哥的首都是	拉巴特
9	尼泊尔的货币是	卢比
10	乐队"披头士"来自	英国
11	世界上每天有多少婴儿出生	37 万
12	土豆原产于	秘鲁
13	在 3500 种蛇类中,有毒的有	600 种
14	冰岛的人口有	35 万
15	在美国,更多人死于	糖尿病

（续）

16	在没有保护措施的情况下和患有艾滋病的异性伴侣发生关系，感染艾滋病的概率是	0.2%
17	可可豆的大部分生产都在	非洲
18	哪个国家生产更多的米	印度
19	哪个国家的每千人警察数更多	意大利
20	世界上的穆斯林共有多少人	21亿

首都城市列表

柏林	布宜诺斯艾利斯	开罗	达卡
耶路撒冷	阿布贾	利马	伦敦
墨西哥城	蒙罗维亚	内罗毕	金边
平壤	基多	的黎波里	华盛顿
阿姆斯特丹	开普敦	科伦坡	卢萨卡

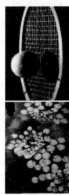

$$X+Y=11 \atop X-Y=10 \Big\} \quad X=10.5 \atop Y=0.5$$

48-1=47

把一根法式长棍面包切成4份用了4秒，切3刀。把它切成16份需要切15刀，那切15刀的用时就是切3刀用时的5倍，所以5×4=20秒。

参 考 文 献

Alcock, J. (1975). Territorial Behavior by Males of Philanthus Multimaculatus with a Review of Territoriality in Male Sphecids. *Animal Behaviour* 23(4), pp. 889-890.

Ariely, Dan. (2008). Predictably Irrational : the Hidden Forces That Shape Our Decisions. HarperCollins

Ariely, D., Huber, J., & Wertenbroch, K. (2005). When Do Losses Loom Larger than Gains? *Journal of Marketing Research* 42(2), pp. 134-138.

Ariely, D., & Kreisler, J. (2017). Dollars and Sense, How We Misthink Money and How to Spend Smarter. Harper Collins Publishers.

Arkes, H. R., & Blumer, C. (1985). The Psychology of Sunk Cost. Organizational Behavior and Human Decision Processes 35, pp. 124-140.

Arkes, H. R., Kung, Y., & Hutzel, L. (2002). Regret, Valuation, and Inaction Inertia. Organizational Behavior and Human Decision Processes 87, pp. 371-385.

Armstrong, J., Friesdorf, R., & Conway, P. (2018). Clarifying Gender Differences in Moral Dilemma Judgments: The Complementary Roles of Harm Aversion and Action Aversion. *Social Psychological and Personality Science, doi:1948550618755873.*

Bar-Eli, M., Azar, O., Ritov, I., Keidar-Levin, Y., & Schein, G. (2007). Action Bias among Elite Soccer Goalkeepers: The Case of Penalty Kicks. *Journal of Economic Psychology* 28(5), pp. 606-621.

Baron, J., & Ritov, I. (1994). Reference Points and Omission Bias. *Organizational Behavior and Human Decision Processes,* 59(3), pp. 475-498.

Baron, J., & Ritov, I. (2004). Omission Bias, Individual Differences, and Normality. *Organizational Behavior and Human Decision Processes* 94, pp. 74-85.

Baumeister, R. F., Bratslavsky, E., Finkenauer, C., & Vohs, K. D. (2001). Bad is Stronger than Good. *Review of General Psychology* 5, pp. 323-370.

Baumeister, R. F., & Tierny, J. (2011). *Willpower: Rediscovering the Greatest Human Strength*. Penguin Press.

Beike, D. R., Markman, K. D., & Karadogan, F. (2009). What We Regret Most are Lost Opportunities: A Theory of Regret Intensity. *Personality and Social Psychology Bulletin 35*, pp. 385-397.

Bell, D. E. (1982). Regret in Decision Making under Uncertainty. *Operations Research 30*, pp. 961-981.

Benartzi, S., & Thaler, R. H. (1995). Myopic Loss Aversion and the Equity Premium Puzzle. *The Quarterly Journal of Economics* 110(1), pp. 73-92.

Benartzi, S., & Thaler, R. (2007). Heuristics and Biases in Retirement Savings Behavior. *Journal of Economic Perspectives* 21(3), pp. 81-104.

Bergman, P., Lasky-Fink, J., & Rogers, T. (Working Paper). Simplification and Defaults Affect Adoption and Impact of Technology, But Decision Makers Do Not Realize This.

Brenner, L., Rottenstreich, Y., Sood. S., & Bilgin, B. (2007) On the Psychology of Loss Aversion: Possession, Valence, and Reversals of the Endowment Effect. *Journal of Consumer Research* 34, pp. 369-376.

Carmon, Z., & Ariely, D. (2000). Focusing on the Forgone: Why Value Can Appear So Different to Buyers & Sellers. *Journal of Consumer Research* 27(3), pp. 360-370.

Chan, M. Y., Cohen, H., & Spiegel B.M.R. (2009). Fewer Polyps Detected by Colonoscopy as the Day Progresses at a Veteran's Administration Teaching Hospital. *Clinical Gastroenterology and Hepatology* 7(11), pp. 1217-1223.

Costa, A., Foucart, A., Hayakawa, S., Aparici, M., Apestguia, J, Heafner, J, & Keysar, B. (2014). Your Morals Depend on your Language. *PLoS One. e94842.*

Dai, H., Milkman, K.L., Hofmann, D.A., & Staats, B.R. (2015). The Impact of Time at Work and Time off from Work on Rule Compliance: The Case of Hand Hygiene in Healthcare. *Journal of Applied Psychology* 100(3), pp.

846-862.

Danziger, S., Levav, J., & Avnaim-Pesso, L. (2011). Extraneous Factors in Judicial Decisions, *Proceedings of the National Academy of Sciences* 108(17), pp. 6889-6892.

Dobelli, R. (2013). *The Art of Thinking Clearly*. Farrar, Straus & Giroux.

Donovan, R. J., & Jalleh, G. (2000). Positive versus Negative Framing of a Hypothetical Infant Immunization: The Influence of Involvement. *Health Education and Behavior* 27(1), pp. 82-95.

Edmonds, D. (2013). *Would You Kill the Fat Man? The Trolley Problem and What Your Answer Tells Us about Right and Wrong*. Princeton University Press.

Erev, I., Ert, E., & Yechiam, E. (2008). Loss Aversion, Diminishing Sensitivity, and the Effect of Experience on Repeated Decisions. *Journal of Behavioral Decision Making* 21(5), pp. 575-597.

Ert, E., & Erev, I. (2008). The Rejection of Attractive Gambles, Loss Aversion, and the Lemon Avoidance Heuristic. *Journal of Economic Psychology* 29, pp. 715-723.

Ert, E., & Erev, I. (2013). On the Descriptive Value of Loss Aversion in Decisions under Risk: Six Clarifications. *Judgment and Decision Making* 8(3), pp. 214-235.

Esteves-Sorenson, C., & Perretti, F. (2012). Micro-Costs: Inertia in Television Viewing. *Economic Journal* 122, pp. 867-902.

Gailliot, M. T., & Baumeister, R. F. (2011). The Physiology of Willpower: Linking Blood Glucose to Self-Control. *Personality and Social Psychology Review* 11, pp. 303-327.

Genesove, D., & Mayer, C. (2001). Loss Aversion and Seller Behavior: Evidence from the Housing Market. *The Quarterly Journal of Economics* 116(4,1), pp. 1233-1260.

Geipel, J., Hadjichristidis, C., & Surian, L. (2015). How Foreign Language Shapes Moral Judgment. *Journal of Experimental Social Psychology* 59, pp. 8-17.

Gilovich, T., & Medvec, V. H. (1995). The Experience of Regret: What, When, and Why. *Psychological Review* 102, pp. 379-395.

Gottman, J. (1995). *Why Marriages Succeed or Fail: And How You Can Make Yours Last.* Simon & Schuster.

Green, J. D. (2016). Solving the Trolley Problem, in *A Companion to Experimental Philosophy*, Sytsma, J. & Buckwalter, W. (Ed.), John Wiley & Sons, pp. 175-178.

Green, J. D., Morelli, S. A., Lowenberg, K., Nystrom, L. E., & Cohen, J. D. (2008). Cognitive Load Selectively Interferes with Utilitarian Moral Judgment. *Cognition* 107(3), pp. 1144-1154.

Halpern, S. D., Ubel, P. A., & Asch, D. A. (2007). Harnessing the Power of Default Options to Improve Health Care. *New England Journal of Medicine* 357, pp. 1340-1344.

Hammond, J. S. (1967). Better Decisions with Preference Theory. *Harvard Business Review* 45(6), pp. 123-141.

Hardie, B. G., Johnson, E. J., & Fader, P. S. (1993). Modeling Loss Aversion and Reference Dependence Effects on Brand Choice. *Marketing science* 12(4), pp. 378-394.

Hartman, R., Doane, M., Woo, C. K. (1991). Consumer Rationality and the Status Quo. *Quarterly Journal of Economics* 106, pp. 141-162.

Hayakawa, S., & Keysar, B. (2018). Using a Foreign Language Reduces Mental Imagery. *Cognition* 173, pp. 8-15.

Hill, C., Memon, A., & McGeorge, P. (2008). The Role of Confirmation Bias in Suspect Interviews: A Systematic Evaluation. *Legal and Criminological Psychology* 13, pp. 357-371.

Hsee, C. K. (1998). Less is better: When Low-value Options are Valued More Highly than Vigh-value Options. *Journal of Behavioral Decision Making* 11, pp. 107-121.

Hochman, G., & Yechiam, E. (2011). Loss Aversion in the Eye and in the Heart: The Autonomic Nervous System's Responses to Losses. *Journal of Behavioral Decision Making* 24(2), pp. 140-156.

Imas, A., Sadoff, S., & Samek, A. (2016). Do People Anticipate Loss Aversion? *Management Science* 63(5), pp. 1271-1284.

Inzlicht, M., & Marcora, S. M. (2016). The Central Governor Model of Exercise Regulation Teaches Us Precious Little about the Nature of Mental Fatigue and Self-Control Failure. *Frontiers in Psychology* 7, p. 656.

Inzlicht, M., & Schmeichel, B. J. (2012). What is Ego Depletion? Toward a Mechanistic Revision of the Resource Model of Self-Control. *Perspectives on Psychological Science* 7, pp. 450-463.

Inzlicht, M., Schmeichel, B. J., & Macrae, C. N. (2014). Why Self-Control Seems (but may not be) Limited. *Trends in Cognitive Science, 18,* 127-133.

Isoni, A. (2011). The Willingness-to-Accept/Willingness-to-Pay Disparity in Repeated Markets: Loss Aversion or 'Bad-Deal' Aversion? *Theory and Decision, 71(3),* 409-430.

Johnson, E. J., & Goldstein, D. (2003). Do Defaults Save Lives?" *Science* 302, pp. 1338-1339.

Johnson, E. J., & Goldstein, D. (2013). Decisions by Default. *The Behavioral Foundations of Public Policy,* ed. Shafir, E., Princeton University Press, pp. 417-427.

Johnson, E. J., Haubl, G., & Keinan, A. (2007). Aspects of Endowment: A Query Theory of Value Construction. *Journal of Experimental Psychology: Learning, memory, and cognition* 33(3), pp. 461-474.

Johnson, E. J., Shu, S. B., Dellaert, B. G., Fox, C., Goldstein, D. G., Häubl, G., & Schkade, D. (2012). Beyond Nudges: Tools of a Choice Architecture. *Marketing Letters* 23(2), pp. 487-504.

Juraskova, I., O'Brien, M., Mullan, B. Bari, R, Laidsaar-Powell, R., McCaffery, K. (2012). HPV Vaccination and the Effect of Information Framing on Intentions and Behavior: An application of the Theory of Planned Behavior and Moral Norm. *International journal of behavioral medicine 19 (4),* pp. 518-525.

Kahneman, D. (2011). Thinking, Fast and Slow. New York: Farrar, Straus and Giroux.

Kahneman, D., Knetsch, J. L., & Thaler, R. H. (1990). Experimental Tests of the Endowment Effect and the Coase Theorem. *Journal of political Economy* 98(6), pp. 1325-1348.

Kahneman, D., Knetsch, J., & Thaler, R. (1991). Anomalies: The Endowment Effect, Loss Aversion, and Status Quo Bias. *Journal of Economic Perspectives* 5(1), pp. 193-206.

Kahneman, D., & Miller, D. T. (1986). Norm Theory: Comparing Reality to Its Alternatives. *Psychological Review* 93, pp. 136-153.

Kahneman, D., & Tversky, A. (1979). Prospect Theory: An Analysis of Decision under Risk. *Econometrica, 47*, pp. 263-291.

Kahneman, D., & Tversky, A. (1984). Choices, Values, and Frames. *American Psychologist* 39(4), pp. 341-350.

Kassin, S. M., Dror, I. E., & Kukucka, A. (2013). The Forensic Confirmation Bias: Problems, Perspectives, and Proposed Solutions. *Journal of Applied Research in Memory and Cognition* 2, pp. 42-52.

Kassin, S. M., Goldstein, C. C., & Savitsky, K. (2003). Behavioral Confirmation in the Interrogation Room: On the Dangers of Presuming Guilt. *Law and Human Behavior* 27, pp. 187-203.

Keeney, R. L., & Raiffa, H. (1976). *Decisions with Multiple Objectives.* Wiley.

Kermer, D. A., Driver-Linn, E., Wilson, T. D., & Gilbert, D. T. (2006). Loss Aversion is an Affective Forecasting Error. *Psychological Science* 17, pp. 649-653.

Keysar, B., Hayakawa, S., & An, S. G., (2012). The Foreign Language Effect: Thinking in a Foreign Tongue Reduces Decision Biases. *Psychological Science* 23, pp. 661-668.

Klayman, J., & Ha, Y. W. (1997). Confirmation, Disconfirmation, and Information in Hypothesis Testing. *Psychological Bulletin* 94, pp. 211-228.

Knetsch, J. (1989). The Endowment Effect and Evidence of Nonreversible Indifference Curves. *American Economic Review* 79, pp. 1277-1284.

Koehler, J. J. (1993). The Influence of Prior Beliefs on Scientific Judgments of Evidence Quality. *Organizational Behavior and Human Decision Processes* 56, pp. 28-55.

Kressel, L. M., & Chapman, G. B. (2007). The Default Effect in End-of-Life Medical Treatment Preferences. *Medical Decision Making* 27, pp. 299-310.

Kruger, J., Wirtz, D., Van Boven, L., & Altermatt, T. W. (2004). The Effort Heuristic. *Journal of Experimental Social Psychology* 40(1), pp. 91-98.

Larrick, R. P., & Soll, J. B. (2008). The MPG Illusion. *Science* 320(5883), pp. 1593-1594.

Levin, I. P., Schneider, S. L., & Gaeth, G. J. (1998). All Frames are Not Created Equal: A Typology and Critical Analysis of Framing Effects. *Organizational Behavior and Human Decision Processes* 76(2) pp. 149-188.

Levin, I. P., Schreiber, J., Lauriola, M., & Gaeth, G. J., (2002). A Tale of Two Pizzas: Building Up from a Basic Product Versus Scaling Down from a Fully-Loaded Product. *Marketing Letters* 13(4), pp. 335-344.

Linder, J. A., Doctor, J. N., Friedberg, M. W., Reyes Nieva, H., Birks, C., Meeker, D., & Fox, C. R. (2014), Time of Day and the Decision to Prescribe Antibiotics. *Journal of the American Medical Association, Internal Medicine* 174(12), pp. 2029-2031.

Loomes, G., & Sugden, R. (1982). Regret Theory: An Alternative Theory of Rational Choice under Uncertainty. *Economic Journal* 92, pp. 805-824.

Loewenstein, G., Bryce, C., Hagmann, D., & Rajpal, S. (2015) Warning: You are about to Be Nudged. *Behavioral Science and Policy* 1(1), pp. 35-42.

Maoz, I., Yaniv, I., & Ivry, N. (2007). Decision Framing and Support for Concessions in the Israeli-Palestinian Conflict. *Journal of Peace Research* 44, pp. 81-91.

Mazar, N., Shampanier, K., & Ariely, D. (2017). When Retailing and Las Vegas Meet: Probabilistic Free Price Promotions. *Management Science* 63(1), pp. 250-266.

McGraw, A. P., Larsen, J. T., Kahneman, D., & Schkade, D. (2010). Comparing Gains and Losses. *Psychological science* 21(10), pp. 1438-1445.

McKenzie, C. R., Liersch, M. J., & Finkelstein, S. K. (2006). Recommendations Implicit in Policy Defaults. *Psychological Science* 17, pp. 414-420.

McNeil, B. J., Pauker, S. G., Sox H. C., & Tversky, A. (1982). On the Elicitation of Preferences for Alternative Therapies. *New England Journal of Medicine*

306, pp. 1259-1262.

Medvec, V. H., Madey, S. F., & Gilovich, T. (1995). When Less is More: Counterfactual Thinking and Satisfaction among Olympic Medalists. *Journal of Personality and Social Psychology* 69(4), pp. 603-610.

Mukherjee, S., Sahay, A., Pammi, V. C., & Srinivasan, N. (2017). Is Loss-Aversion Magnitude-Dependent? Measuring Prospective Affective Judgments Regarding Gains and Losses. *Judgment and Decision Making* 12(1), pp. 81-89.

Mullainathan, S., & Shafir, E. (2013). *Scarcity: Why Having Too Little Means So Much.* Times Books/Henry Holt and Co.

Nayakankuppam, D., & Mishra, H. (2005). The Endowment Effect: Rose-Tinted and Dark-Tinted Glasses. *Journal of Consumer Research* 32(3), pp. 390-395.

Nickerson, R. S. (1998). Confirmation Bias: A Ubiquitous Phenomenon in Many Guises. *Review of General Psychology* 2(2), pp. 175-220.

Norton, M. I., Mochon, D., & Ariely, D. (2012). The IKEA Effect: When Labor Leads to Love. *Journal of Consumer Psychology* 22, pp. 453-460.

Novemsky, N., & Kahneman, D. (2005). The Boundaries of Loss Aversion. *Journal of Marketing Research,* 42(2), pp. 119-128.

O'Brien, B. (2009). Prime Suspect: An Examination of Factors that Aggravate and Counteract Confirmation Bias in Criminal Investigations. *Psychology, Public Policy and Law* 15, pp. 315-334.

O'Keefe, D. J., & Jensen, J. D. (2007). The Relative Persuasiveness of Gain-Framed Loss-Framed Messages for Encouraging Disease Prevention Behaviors: A Meta-Analytic Review. *Journal of Health Communication* 12(7), pp. 623-644.

Odean, T. (1998). Are Investors Reluctant to Realize Their Losses? *The Journal of finance* 53(5), pp. 1775-1798.

Pink, D. H., (2018). *When: The Scientific Secrets of Perfect Timing,* Riverhead Books.

Prelec, D., & Loewenstein, G. (1998). The Red and the Black: Mental Accounting of Savings and Debt. *Marketing science* 17(1), pp. 4-28.

Raiffa, H. (1968). *Decision Analysis: Introductory Lectures on Choices under Uncertainty*. Addison-Wesley.

Ritov, I. (1996). Probability of Regret: Anticipation of Uncertainty Resolution in Choice. *Organizational Behavior and Human Decision Processes* 66, pp. 228-236.

Ritov, I., & Baron, J. (1990). Reluctance to Vaccinate. *Journal of Behavioral Decision Making* 3, pp. 263-277.

Ritov, I., & Baron, J. (1992). Status-quo and Omission Bias. *Journal of Risk and Uncertainty* 5, pp. 49-61.

Ritov, I., & Baron, J. (1995). Outcome Knowledge, Regret, and Omission Bias. *Organizational Behavior and Human Decision Processes* 64, pp. 119-127.

Ritov I., & Baron, J. (1999). Protected Values and Omission Bias. *Organizational Behavior and Human Decision Processes* 97, pp. 79-94.

Roese, N. J., & Summerville, A. (2005). What We Regret Most...and Why. *Personality and Social Psychology Bulletin 31*, pp. 1273-1285.

Rozin, P., & Royzman, E. B. (2001). Negativity Bias, Negativity Dominance, and Contagion. *Personality and social psychology review* 5(4), pp. 296-320.

Samuelson, W., & Zeckhauser, R. (1988). Status Quo Bias in Decision Making. *Journal of Risk and Uncertainty* 1, pp. 7-59.

Shampanier, K., Mazar, N., & Ariely, D. (2007). How Small is Zero Price? The True Value of Free Products. *Marketing Science* 26, pp. 742-757.

Schwartz, B., Ward, A., Monterosso, J., Lyubomirsky, S., White, K., & Lehman, D. R. (2002). Maximizing Versus Satisficing: Happiness Is a Matter of Choice. *Journal of Personality and Social Psychology* 83(5), pp. 1178-1197.

Schweitzer, M. (1994). Disentangling Status Quo and Omission Effects: An Experimental Analysis. *Organizational Behavior and Human Decision Processes* 58(3), pp. 457-476.

Shani, Y., Danziger, S., & Zeelenberg, M. (2015). Choosing between Options Associated with Past and Future Regret. *Organizational Behavior and Human Decision Processes* 126, pp. 107-114.

Shani, Y., & Zeelenberg, M. (2007). When and Why Do We Want to Know?

How Experienced Regret Promotes Post-Decision Information Search. *Journal of Behavioral Decision Making* 20(3), pp. 207-222.

Simenson, I. (1992). The Influence of Anticipating Regret and Responsibility on Purchase Decisions. *Journal of Consumer Research* 19, pp. 105-118.

Simonson, I., & Drolet, A. (2004). Anchoring Effects on Consumers' Willingness-to-Pay and Willingness-to-Accept. *Journal of Consumer Research* 31(3), pp. 681-690.

Steffel, M., Williams, E. F., & Pogacar, R. (2016). Ethically Deployed Defaults: Transparency and Consumer Protection via Disclosure and Preference Articulation. *Journal of Marketing Research* 53, pp. 865-880.

Suri, G., Sheppes, G., Schwartz, C., & Gross, J. J. (2013). Patient Inertia and the Status Quo Bias: When an Inferior Option Is Preferred. *Psychological Science* 24(9), pp. 1763-1769.

Talluri, B. C., Urai, A. E., Tsetsos, K., Usher, M., & Tobias H. Donner, T. H. (2018). Confirmation Bias through Selective Overweighting of Choice-Consistent Evidence. *Current Biology* 28(19), pp. 3128-3135.

Teger, A. I. (1980). *Too Much Invested to Quit*. Pergamon.

Thaler, R. (1980). Toward a Positive Theory of Consumer Choice. *Journal of Economic Behavior and Organization* 39, pp. 36-90.

Thaler, R. H. (1985). Mental Accounting and Consumer Choice. *Marketing Science* 4, pp. 199-214.

Thaler, R. H. (2000). From Homo Economicus to Homo Sapien. *The Journal of Economic Perspectives,* 14(1), pp. 133-141.

Thaler, R. H. (2015). *Misbehaving: The Making of Behavioral Economics*. W.W. Norton & Company.

Thaler, R. H., & Benartzi, S. (2004). Save More Tomorrow™: Using Behavioral Economics to Increase Employee Saving. *Journal of political Economy* 112(S1), pp. S164-S187.

Thaler, R. H. & Rosen, S. (1976). The Value of Saving a Life: Evidence from the Labor Market, in *Household Production and Consumption*, N. E. Terleckyj (ed.), pp. 265-302.

Thaler, R. H. & Shefrin, H. M. (1981). An Economic Theory of Self-Control. *Journal of Political Economy 89*, pp. 392-406.

Thaler, R. H. & Sunstein, C. R. (2008). *Nudge: Improving Decisions about Health, Wealth, and Happiness.* Yale University Press.

Thomson, J. (1985). The Trolley Problem. *Yale Law Journal* 94(6), pp. 1395-1415.

Tiefenbeck, V., Goette, L., Degen, K., Tasic, V., Fleisch, E., Lalive, E., & Staake, T. (2018). Overcoming Salience Bias: How Real-Time Feedback Fosters Resource Conservation. *Management Science* 64(3), pp. 1458-1476.

Tversky, A., & Kahneman, D. (1981). The Framing of Decisions and the Psychology of Choice. *Science* 211, pp. 453-458.

Tversky, A., & Kahneman, D. (1986). Rational Choice and the Framing of Decisions. *Journal of Business* 59(4), pp. S251-S278.

Tversky, A., & Kahneman, D. (1991). Loss Aversion in Riskless Choice: A Reference Dependent Model. *The Quarterly Journal of Economics* 106(4), pp. 1039-1061.

Tykocinski, O. E., Israel, R., & Pittman, T. S. (2004). Inaction Inertia in the Stock Market. *Journal of Applied Social Psychology* 34, pp. 1166-1175.

Tykocinski, O. E., Pick, D., & Kedmi, D. (2002). Retroactive Pessimism: A Different Kind of Hindsight Bias. *European Journal of Social Psychology* 32, pp. 577-588.

Tykocinski, O. E., & Pittman, T. S. (1998). The Consequences of Doing Nothing: Inaction Inertia as Avoidance of Anticipated Counterfactual Regret. *Journal of Personality and Social Psychology* 75, pp. 607-616.

Tykocinski, O. E., Pittman, T. S., & Tuttle, E. S. (1995). Inaction Inertia: Foregoing Future Benefits as a Result of an Initial Failure to Act. *Journal of Personality and Social Psychology* 68, pp. 793-803.

Tykocinski, O. E., & Steinberg, N. (2005). Coping with Disappointing Outcomes: Retroactive Pessimism and Motivated Inhibition of Counterfactuals.

Journal of Experimental Social Psychology 41, pp. 551-558.

Vadillo, M. A., Gold, N., & Osman, M. (2016). The Bitter Truth about Sugar and Willpower: The Limited Evidential Value of the Glucose Model of Ego Depletion. *Psychological Science* 27, pp. 1207-1214.

Van Putten, M., Zeelenberg, M., van Dijk, E., & Tykocinski, O. E. (2013). Inaction Inertia. *European Review of Social Psychology* 24, pp. 123-159.

Walasek, L., & Stewart, N. (2015). How to Make Loss Aversion Disappear and Reverse: Tests of the Decision by Sampling Origin of Loss Aversion. *Journal of Experimental Psychology: General* 144(1), pp. 7-11.

Wansink, B., Payne, C. R., & Shimizu, M. (2011). The 100-Calorie Semi-Solution: Sub-Packaging Most Reduces Intake among the Heaviest. *Obesity* 19(5), pp. 1098-1100.

Wason, P. C. (1968). Reasoning about a Rule. *Quarterly Journal of Experimental Psychology* 20(3), pp. 273-281.

Weaver, R., & Frederick, S. (2012). A Reference Price Theory of the Endowment Effect. *Journal of Marketing Research* 49(5), pp. 696-707.

Winter, E. (2014). *Feeling Smart: Why Our Emotions More Rational than We Think*, Public Affairs Publishing.

Winter, E. (2015). Loss Aversion and Romance: Why Do We Search More for Deal Breakers than for Positive Trait in Partners? *Psychology Today.* (November).

Yaniv, I., & Schul, Y. (1997). Elimination and Inclusion Procedures in Judgment. *Journal of Behavioral Decision Making* 10(3), pp. 211-220.

Yaniv, I., & Schul, Y. (2000). Acceptance and Elimination Procedures in Choice: Non–Complementarity and the Role of Implied Status Quo. *Organizational Behavior and Human Decision Processes* 82(2), pp. 293-313.

Yassour, Y. (2021). *100% Right 50% of the Time: How to Prevent Fallacies in Decision Making.* Amazon Books.

Yechiam, E., Ashby, N. J., & Pachur, T. (2017). Who's Biased? A Meta-Analysis of Buyer-Seller Differences in the Pricing of Lotteries. *Psychological Bulletin*

143(5), pp. 543-563.

Yechiam, E., & Hochman, G. (2013). Losses as Modulators of Attention: Review and Analysis of the Unique Effects of Losses over Gains. *Psychological bulletin* 139(2), pp. 497-518.

Zamir, E. (2012). Loss Aversion and the Law. *Vanderbilt Law Review* 65, pp. 829-894.

Zamir, E., & Ritov, I. (2012). Loss Aversion, Omission Bias, and the Burden of Proof in Civil Litigation. *The Journal of Legal Studies* 41(1), pp. 165-207.

Zamir, E., & Teichman, D. (2018). *Behavioral Law and Economics,* Oxford University Press.

Zeelenberg, M. (1999). Anticipated Regret, Expected Feedback and Behavioral Decision Making. *Journal of Behavioral Decision Making* 12, pp. 93-106.

Zeelenberg, M., Nijstad, B. A., van Putten, M., & van Dijk, E. (2006). Inaction Inertia, Regret, and Valuation: A Closer Look. *Organizational Behavior and Human Decision Processes* 101, pp. 89-104.

Zeelenberg, M., & Pieters, R. (2007). A Theory of Regret Regulation 1.0. *Journal of Consumer Psychology* 17(1), pp. 3-18.

Zlatev, J. J., Daniels, D. P., Kim, H., & Neale, M. A. (2017). Default Neglect in Attempts at Social Influence. *Proceedings of the National Academy of Science* 114 (52), pp. 13643-13648.